真宗文庫

親鸞から蓮如へ　真宗創造

―『御文』の発遣―

池田勇諦

東本願寺出版

もくじ

本書は、二〇一一年に真宗大谷派（東本願寺）の「宗祖親鸞聖人七百五十回御遠忌」を記念して出版された『シリーズ親鸞』全十巻（筑摩書房刊）より、第八巻『親鸞から蓮如へ　真宗創造―『御文』の発遣』を文庫化したものです。

凡例（解説）

御文・五帖御文・帖外御文

御文《おふみ》は蓮如（一四一五－一四九九　本願寺第八代住持）が門徒への教化の手だてとして書いた法語書簡。「御文」という呼称は蓮如自らの「ふみといえ」に由来するが、真宗門徒の信心の規範となったことから「御文」と敬称してきている（他に「御文章《ごぶんしょう》」「御勧章《ごかんしょう》」とも呼ぶ）。現在真偽未詳を除いて二百五十二通を数え、うち年紀の記されたものが百八十四通、無年紀のものが六十八通、また真蹟が五十六通含まれている（堅田修編『真宗史料集成』第二巻）。五帖《ごじょう》御文の編輯・開版に関しては、蓮如が五男・実如《じつにょ》（本願寺第九代住持）への譲職を機に多くの「ふみ」を自ら整理・編綴し、それを蓮如の滅後、実如がさらに増補編纂して「五帖御文」とした。証如《しょうにょ》（本願寺第十代住持）のとき、それを開版上梓して、以降本願寺歴代が刊行してきた。この「五帖御文」のほか「夏《げの》御文」四通、「御俗姓《ごぞくしょう》御文」が別行された。またこの五帖御文を帖内御文とよぶのに対し、それに洩れたものを集めたのを「帖外《じょうがい》御文」と言う。普通は玄誓《げんせい》（京都・西念寺、寛文・延宝のころの人）が集めた八十二通を言うが、先啓《せんけい》（一七二〇－一七九七・岐阜養老の安福寺の人）が集めた六十四通もある。また先の「五帖御文」八十通のほかをすべて一括総称して帖外御文とも呼ぶ。

蓮如上人御一代記聞書

蓮如上人の言行を集録したもので、全部で三一六条または三一四条から成り、空善記《くうぜん》・蓮如上人御物語・実悟《じつご》旧記などを書写したもの。筆写したのは蓮如の十男・実悟の子・顕悟《けんご》とも言われる。諸刊本があり、内容や配列順序に少しずつ異なりがある。内容は実如の言行も若干収め、蓮如を前々住上人と称し、実如を前住上人とよぶ。蓮如の思想・信仰と人柄をよく伝え、真宗の信仰と歴史を知るうえで貴重な内容をもつ。従来、真宗の学びにおいて「御文は聞書をとおして読め」とまで言われ、御文聞思の不可欠な指針とされている。

＊本文中、史資料の引用については、基本的に東本願寺出版（真宗大谷派宗務所出版部）発行『真宗聖典』を使用した。

＊御文や聞書をはじめ、聖典からの引用には筆者の裁量で本文と訳を挙げたもの、単に本文だけのもの、また訳だけのものとがある。

＊本文中、敬称はすべて省略した。

熱僧・蓮如――はしがきに代えて

蓮如《れんによ》（一四一五―一四九九）は本願寺第八代の住持。同・第七代住持・存如《ぞんによ》（一三九六―一四五七）の長子に生まれ、当時まだ天台宗の傘下にあった微々たる本願寺を、宗祖・親鸞（一一七三―一二六二）の精神に回帰することにより、戦国乱世を生き喘ぐ人びとの生きる力として親鸞の教えを再生し、現在の真宗教団の基礎を確立した。

その意味で、蓮如ほど仏法と世法の矛盾のなかに身をすえ、しかもそこで、いかに親鸞精神を継承していくかを、ひたすら問い続けた人はいなかったのでなかろうか。

蓮如は日本仏教史上、その民衆化という課題において特筆大書される足跡を残した「熱僧*」であったといえよう。

＊注　『中日新聞』参与・池田義男の造語

序章　伝統と創造

蓮如という人

一　親鸞教団か蓮如教団か―教団とは何か

選別意識を問いかえす

「親鸞は好きだが、本願寺は嫌いだ」。また「親鸞の宗教に、果たして本願寺教団は必要なのか。だいいち本願寺教団は蓮如によるもので、非親鸞的でないのか」。そんな歯に衣着せぬ指摘を聞くにつけても、もう三十年も前になるが森龍吉《もりりゅうきち》がその著『蓮如』（講談社）の冒頭に述べる次のくだりを想起する。

本願寺教団は数多い既成仏教教団のなかで今なお活火山である。近代の一世紀に、東西両派は近代化と改革をめぐって、世人の注目を引く爆発を交互にくりかえしてきた。その噴火のなかで、教団は「親鸞教団か、蓮如教団か」と問われることがたびたびあった。それほど蓮如の存在は教団内

で大きく、かつ重かった。（三頁）

と。いまその点を大谷派教団で言えば、宗祖親鸞の七百回忌の法要（一九六一）を機に、現代に真宗の回復を旗印に発足推進してきた「真宗同朋会運動」のなかでも、それはきびしく問われもしてきたことであった。

だが、それはこの問題の重さときびしさが、かえってそのような親鸞教団から蓮如教団かの選別意識そのものを問いかえさせ、より根源的な見開きとアプローチを要請するものとなった。それは端的に言って、〃教団とは何か〃という問題だった。教団の必然性は何か。また、世俗の中の教団の避けられない非本来化に対する克服とは何か。

いまそうした意味からしてわたくしは、何よりも教団とは何かを問うことから出発したい。それと言うのも、蓮如を受けとることができるか否かは、一にかかって教団を受けとることができるか否かにあると言えるからだ。

帰依三宝にもとづく教団

およそ仏教の存在はつねに「帰依三宝《きえさんぼう》」の事実に求められる。三宝は人生の真宝（まことの宝）として、仏・法・僧の三つが数えられる。「宝」と言えば、普通は人間の欲してやまないものと理解されるだろうが、わたしたちの日常心で追いかけている宝が、果たして〝真の宝〟と言えるかどうか。宝はそれを手にした人間を豊かにする意味で宝であると言われるけれども、むしろ逆に貧しさ——所有の貧困でなく、存在の貧困——を招くという問題がついてまわるからだ。

ところで、三宝のうち「仏」は覚者、覚《さと》れるひと。何を覚るか。それは「法」、真理。「僧」はその「仏」「法」をわが道として生きる人びとの集まり・共同体——saṃgha 僧伽《さんが》＝教団の原義——。

これを親鸞の主著『教行信証《きょうぎょうしんしょう》』から言えば、「仏」は「釈迦諸仏」。もろもろの仏を説くも、釈迦をもって代表する。「法」は阿弥陀仏、すなわち南無阿弥陀仏である。釈迦は南無阿弥陀仏をさとり（仏と成り）、南無阿弥陀仏を人類に説き知らせた仏（教主）。この釈迦・弥陀二尊の仏・法にもとづく人と人の出遇い、共同体、それが「釈迦・諸仏の弟子なり、金剛心《こんごうしん》の行人《ぎょうにん》なり」（信巻）と明言する「僧」である。

ここで後述のためにも一言確認しておきたい。その一つは三宝の中でいちばんわかりにくい「法」についてである。さきにそれを「真理」と言った。そのことで想起するのは、河上肇《かわかみはじめ》（一八七九－一九四六）の『獄中贅語《ごくちゅうぜいご》』の二つの真理の指摘である。それは、世界には科学的真理と宗教的真理があるとするもので、日ごろ単純に真理は一つと片づけがちなわたしたちの思考を強く問いかえさせるものがある。

科学的真理はもちろん客体的真理のことで、自然科学や社会科学を指すが、いま一つ人間が自らの生を尽しきる主体の課題として宗教的真理が厳に存在するというのだ。唯物論者の立場からの提起だけに強いインパクトをもつ。その意味でこの「宗教的真理」は、今日《こんにち》の言葉で言えば「実存的真理」、あるいは

「根源的真理」とでも言うべき内容である。それは人間の幸福が単に欲望の満足だけでは尽しえない人間存在の深みを告げるものと言えるからだ。

その意味で釈迦の覚れる法、南無阿弥陀仏（阿弥陀仏）は、わたしたちの思考の対象化をゆるさぬ、言葉どおり主体的な「法」なのだ。わたしたちは生きていると言いながら、真に生きる主体、つまり生きてある事実の主体が何であるかを問うたことがあるだろうか。ただ自分の感覚と周囲の状況とをたよりに、没主体の生きかたで流されていないだろうか。そういう自分にとって「法」の問題は、単に自己反省とか自己修養とかいった精神論でなく、かえってすでに存在そのものがもつ法則性への覚醒としての存在論と言うべきだろう。「法」が阿弥陀仏とも説かれることから人格的に捉えられやすいがそうではなく、存在にはたらく真理と受領すべきだろう。

いま一つは「釈迦・弥陀」二尊ということについてである。さきに一言したことからも、それは「仏」「法」二宝を語りあらわすものとして、いずれが欠けてもどちらも成り立たないという内面的関係にある。もちろん「法」がなくして覚者「仏」はありえず、「仏」がなくして「法」の存在は証明されないからだ。この間の見開きを親鸞は自ら選び仰いだ真宗仏教の伝統の祖師、七人の中の第五祖・善導《ぜんどう》（六一三―六八一）の教えによって得たのであった。有名な「二河白道の譬喩《にがびやくどうのひゆ》」（『観経疏散善義《かんぎようしよさんぜんぎ》』）がそれであるが、それは単なる譬喩でなく、人間の実存的求道心の展開を語るものである。それについてはあらためて後述することとなろうが、いま一言したいのはその核心部分のところで、救いを求める「行者」に対し、釈迦がその背後（東岸・此国）から、

仁者《あなた》よ、ひとすじに心を決めて、この道をたずねて行け。必ず死ぬようなことはない。もし止《とど》まっているならば、かえってすぐさま死なねばならない。

と勧め励ます。すると前方（西岸・彼国）から弥陀が、

汝《あなた》は、心ひとつに、念《おも》い正しく、まっすぐにこの道を進んで来なさい。わたしはすべてを挙げてあなたを護ろう。まったく水火の難に堕《お》ちることなど恐れる必要はない。

と招喚《しょうかん》する。

「行け」の発遣《はっけん》と、「来《き》たれ」の招喚。教主と救主。この二尊の遣喚によって行者の救いが成立する。もし釈迦（教主）なくして弥陀（救主）のみならば、神秘主義に堕し、ときには魔法化することもあろう。また弥陀なくして釈迦だけならば人間主義に堕し、悪魔化を招くことにもなろう。その意味で「釈迦」「弥陀」二尊の呼応関係こそは、真に宗教の健康性を証《あか》するものであり、その点深く心にとどめてゆきたい。

教団は仏教の第二義的なものではない

ここでさきの「三宝」にもどるが、「僧宝」が仏・法二宝にもとづく人間の集まり、共同体を意味したことは、「僧宝」こそが聖なる仏・法二宝の世俗への顕《あらわ》れであり、この世に仏・法が行なわれる唯一の証《あかし》であることを示している。したがってもし「僧宝」が現存しなければ、仏・法は一つの抽象的な思想か、一つの教理として終るほかはないだろう。

その意味で教団の原義を僧宝（僧伽）の性格にみるとき、教団は決して仏教における第二義的なものでなく、仏・法の、歴史への具現体なのだ。したがって教団は世俗から生起したものでなく、世俗に興起したものであり、世俗を超えつつ世俗のものという矛盾的二重構造において在るのだ。この点、親鸞が『教行信証』に『大無量寿経』の大綱を判定するところに、

釈迦、世に出興《しゅっこう》して、道教を光闡《こうせん》して、群萌《ぐんもう》を拯《すく》い、恵むに真実の利を

もってせんと欲《おぼ》してなり。（「教巻」）

〔訳〕釈迦はこの世に出現して仏道を説きひろめ、すべての人びとを救済するために、まことの利益である本願の名号を恵もうと意欲された。

と言って、釈迦は世から出生したものでなく、世に出興したと讃仰し、また伝統の祖師についても、第一祖・龍樹《りゆうじゆ》（一五〇-二五〇ごろと推定・南インド）を、

龍樹大士世に出でて、ことごとく、よく有無の見を摧破《ざいは》せん。（同「行巻」）

〔訳〕龍樹という求道の士（菩薩）が世に出て、世間にはびこる諸現像についての偏見を打破した。

と言い、さらに第七祖・恩師法然《ほうねん》（一一三三-一二一二）を、

本師《ほんじ》源空世にいでて

弘願《ぐがん》の一乗ひろめつつ
日本一州ことごとく
浄土の機縁あらわれぬ
（『高僧和讃』）

〔訳〕源空上人はこの世に出られ、阿弥陀如来の念仏往生の本願をひろめ、それによって日本国中すべてに、浄土の教えがあらわれることとなった。

と、いずれも歴史を超えた仏・法の、歴史に「顕現」した意義を開示していることが想起される。

いま世俗のまっただ中に興起し現前している教団だが、世俗を超えた意味からは、あくまでも仏・法の所属としての信仰共同体（僧宝）である。したがってそれは人間の立場に始発する世俗的集団とは、どこまでもその質を異にする。つまり、教団は本来、仏国土（浄土）のうつしとして存在することを目的としているのだ。

だが、反面そうした教団は、現実的には世俗の中に存在し、まぎれもなく世俗の制約をまぬがれない組織集合体である。そのことは教団が信仰共同体として目的的存在でありつつ、同時に手段的存在であることをあらわしている。なぜなら、信仰共同体であることは地上に顕現した仏・法二宝として、つねに世俗を仏・法に媒介する役割のほかに、その現在的意義はないからである。その点、原義的に教団が仏・法に属する信仰共同体であっても、現実的には現前の組織集合体をほかにしてあるのではない。だからこそかえって現前の集合体をもって、みずからが自己とする信仰共同体であることを世俗に発揮していく機能体として歩まねばならぬのではないか。ここに教団と言われるものの現在的使命と課題が指摘される理由がある。

危機意識からの出現

教団が人間の集合体として世俗の中にあることは、すでにそれ自体、世俗に頽落《たいらく》する擬似共同体と化す必然性を内にもつ。事実、真宗教団の歩みをかえりみて、すでに関東における初期教団をはじめ、中世の本願寺教団が、つねに世俗化の事象を避けえなかったことは、種々の史料のよく語るところである。その一、二を指摘しても、親鸞の『消息《しょうそく》』（広本《こうほん》一二）にみる

在地権力の人たちの力によって、念仏をひろめようと考えること。

という、かの善鸞《ぜんらん》事件（親鸞による長男・善鸞の義絶事件）をめぐる世俗的権力への追随、また『歎異抄《たんにしょう》』をみれば、前半の「口伝《くでん》の法語」師訓《しくん》篇をみるだけでも、「わが弟子、ひとの弟子という言い争い」から、「供養の施物《せもつ》の多少によって、大きな仏になったり、小さな仏になったりする」との言動まで、

すべて仏法にかこつけて、世間的な欲望を満たすために、念仏の同朋《どうぼう》を言いおどろかすというのだろうか。（第十八条・訳）

まったく仏法を隠れ蓑に世俗的欲望の追求にあけくれる事象。それどころか、もっとも悲しむべきこととして、信仰のいのちにかかわる領域でも、

念仏申すについて、信心のありようを、互いに話しあい、人にも言い聞かせるときに、相手にものを言わせないようにして議論に勝ちたいがために、まったく親鸞の仰せでもないことを、仰せだと言いはること、ほんとうにあさましく、歎《なげ》かわしいことである。（後序・訳）

と。さらに蓮如の『御文』に至っても、

毎月の仏法の寄合ということは、どこにおいても行なわれてはいるが、信心について語りあうということは、まったくなされていないありさまである。ことに近ごろは、いずれでも談合のときには、ただ酒やご飯やお茶な

どばかりで、みんな帰ってしまっている。（『五帖御文』四の一二・訳）

果ては門弟の栄玄《えいげん》が、「それぞれの地域において、坊主と年老《としより》（村の指導者）と長《おとな》（一族の頭）の三人が、まず仏法に帰依すればあとはみなそれに導かれて、おのずと仏法は繁盛するであろう」（『栄玄記』）との蓮如のことばを伝えていることは、僧侶の無信仰ぶりを表しているものと言わざるをえない。

ほんの一瞥したにすぎない教団のこれらの事象は、人間のあらゆる煩悩的頽《たい》落《らく》性を露呈したものであり、それだけに決して過去のものと見過ごすことのできないきびしさをもつ。

なぜなら、そうした教団の現実は、世俗のただ中にある教団の宿命性として、単に是非善悪の次元で片づけられる質の問題ではないからだ。かえってそこに現前の教団が教団であるがゆえの実践的課題が凝視されねばならないばかりなのだ。ということは、そうした擬似共同体としての教団の負い目をごまかしなく直視することによって、否、それだけが教団の使命に立ちかえる唯一の具体的契機にちがいないからだ。

「真宗同朋会運動」の提唱者・訓覇信雄《くるべしんゆう》は、「教団の危機は事件や騒動が起こることではない。危機意識を喪失したときこそが教団の危機だ」と喝破《かっぱ》した。その一言が、きびしくも想起される。冒頭に引用した森龍吉の「本願寺教団は活火山である」の言葉も、この危機意識がなければ意味をなさないだろう。そうした教団の危機意識から生まれでた人、それが蓮如その人の歴史的意義であったにちがいない。

二　「真宗再興」は真宗創造――求道と伝道

蓮如に対する視座

二十世紀、とりわけ昭和期に入って、それまでの蓮如というフィルターをとおした親鸞の学びかた――それほどに教団にとって蓮如の位置が大きかったことを物語る――が、歴史家・思想家らによる直接的迫りかたの開拓から、勢い蓮如に対する評価を酷《きび》しいものとすることとなった。およそ要約すれば、次の二点となろう。

一つは、その思想面として蓮如は未来往生主義者ではないか、という点。いわゆる「後生の一大事」に表現される後世の往生観は、「即得往生《そくとくおうじょう》（すなわち往生を得て）住不退転《じゅふたいてん》（不退転に住す）」という親鸞の積極的な往生理解に対すれば、一歩も二歩も後退したものと言わざるをえない。

いま一つは、教団人として蓮如は体制追随主義者ではないか、という点である。親鸞の場合、あの苛酷なまでの度重なる法難にも、決して不透明化することのなかった醱刺《はつらつ》とした信心為本《しんじんいほん》の批判精神（他力の信心によって往生を得る）に対すれば、王法為本《おうぼういほん》（この世にあっては支配者に従う）を並立した姿勢は、むしろ非親鸞的とさえ言わざるをえない。そうした蓮如のありかたは、果たして親鸞の正当な伝承者と言えるだろうか。

　こうしたきびしい蓮如評価は大筋において現在も、教団の内外を問わず引きずられていることは否めないだろう。ならば、いまわたしたちが蓮如と向きあう視座はいずれに求められるだろうか。目下考えうる蓮如へのかかわりかたを手がかりにたずねてみたい。

　第一は蓮如に対する追随的かかわりかたである。それは蓮如が本願寺教団にとっては、有り体に言って初興の人と言って過言でないほど（この点は後に言及する）、蓮如なくして今日の教団がありえなかったであろうこと――それこそ蓮如教団――を思えば、どこまでも蓮如に随い、かつ顕彰していかねばならぬとする態度だ。これに対しいま一つは、批判的なかかわりかたとして、前述の酷しい評価に繋がる立場である。宗祖親鸞との距離をもって、むしろ教団の負の歴史として問いかえしていくべきだとする態度である。

たしかにいずれも一理ある見解とは思われるが、率直に言ってわたくしは共に一つのひっかかりを覚えるのを否めない。というのは、前者の場合、何か教団人としてのいわゆる宗門感情的なものを、したがってむしろ蓮如をかつぐ雰囲気さえ感じ、蓮如への妄従になりかねないと思えるからだ。これに対して後者の場合、その客観性において必然的とも思われるが、これまた率直に言って何か教団抜きの印象がぬぐえないからだ。幾多の問題をかかえて現前する具体的教団を捨象したかかわりかたや蓮如観には、いま一つ説得力を感じえないのはわたくしだけだろうか。

そうした問いかえしから、あらためてわたしたちはいかなる視座を見いだすべきだろうか。それは少なくとも、これら二点をふまえ、共通の課題を見すえる視座ではないだろうか。すなわち、蓮如の立場性と時代性との理解に立つ蓮如とわたしたちとの課題の共通性なのだ。

真宗の追体験に立つ「伝える」責任

端的に言って、親鸞と蓮如の決定的な異なりは、その立場性にあろう。その生涯を一介の求道者として生き切った親鸞にあっては、浄土真宗がどこまでも自らの悪戦苦闘の歩みをもって獲得したものであったのに対し、生まれながらにして既に所与のものとしてあった浄土真宗を、いかに伝え護っていくかに生涯を燃焼した蓮如とは、あきらかに獲得者と伝持者との立場的な異なりがあろう。だがその場合わたしたちの幾重にも留意すべきは、「伝持者」というありかたへの独断と偏見に対する問いかえしとして、何よりも真の伝持の内実、すなわち真の伝持がいずれに成り立つかを深く自問すべきだろう。その意味でここに伝統の形成とは何か、が問われなければならない。

およそ「伝統」という語はヨーロッパからの翻訳語であるが、辞書をみると

「伝承」に同じとあって、「つたえうけつぐこと。古くからあったしきたり（制度・信仰・習俗・口碑・伝説など）を受け伝えてゆくこと。またその伝えられた事柄」（『広辞苑』）とある。たしかにわたしたちはあらゆる問題において、白紙の無前提に立つものではない。もとより様ざまな既成の文化様式の中に生きるものである。そのかぎりで既存のものをどのように考え、いかにかかわってゆくかは、つねに問われているわたしたちの生きかたの始点であり、そこにわたしたちの歴史的状況があると言える。

ところで「伝統」の意味理解について、その語源はラテン語トラディティオ（traditio）であり、その語義の古典ギリシャ語パラドシス（paradoshis）が「言い伝え」と訳され、「手渡す」意と解されている点はきわめて示唆的である。それだけに「言い伝え」が「手渡す」意味であることは、決して単に機械的あるいは形式的な受け伝えの意ではないだろう。もしそうであるならば、伝統もたちまち空洞化して因襲と異ならないものとなるだろうし、それどころか、もしそれが無批判に至上化されればそこに悪魔化の現象を引き起こし、人間が人間として真に主体的に生きることを疎外することになるだろう。

それゆえに伝統が伝統と言われるかぎり、それは真に人間の問題の深層にかかわる内容でなければならない。その意味で、ここにすぐれた伝統があるという場合、単にそれが永年変わらずに続いてきたからという理由にとどまらず、いかに人びとの創造的参加によって形成せられてきたかということが重要になる。

したがって「手渡す」とは、それを手にとって批判・検討し、あらためて自分自身に受けとり直すことであり、どこまでも主体的なかかわりかたを意味しよう。

よく伝統の発見とか再発見とか言われることも、単に古いものの中によきものを見いだすという文化主義的な意味でなく、伝統によって何よりも自己が覚醒することなのだ。したがってそこに自らが手をくだし、参加し、創造していくことによって、はじめて真の伝統が現前すると言えるにちがいない。

では、そのような「受けとり直し」とは、具体的にどのようなことだろうか。端的に言えば、「時機」――時代と人間――と伝統との出遇《であ》いだろう。すなわち、時機の課題をもって伝統を問いかえし、伝統によって時機の課題が照らされることだ。蓮如は、あの戦国乱世の民衆の苦悩をひっさげて親鸞の浄土真宗を問いかえし、親鸞の浄土真宗からその真実の応答を聞き開き、浄土真宗の伝統に参加したのだった。それが蓮如の室町の世における真宗の驚異的再興となったのでなかったか。

その意味で蓮如の生涯を評価する「真宗再興の徳」（七男・蓮悟《れんご》らの手に成る『蓮如上人遺徳記《いとくき》』）は、蓮如における親鸞の浄土真宗の受けとり直しによる真宗の創造にほかならなかった。したがってそれは親鸞の生きた真実信心の再興、すなわち本願念仏の仏道の再興であった。従来、蓮如には親鸞にみるごとき「回心《えしん》」がないとする指摘もあるが、この受けとり直しの事実こそは蓮如における明瞭な浄土真宗の主体化、意識転換、回心を意味しなくて、どうして真宗の創造がありうるだろうか。

浄土真宗の仏道の再興は状況的に当時、仏光寺をはじめ真宗諸派の勢力に対して沈滞著しい本願寺に積極的な伝道勢力をよび、その教化の伸展とそれにともなう組織的教団の構築をもたらした。その意味で「真宗再興」は、信心の再興とそれを軸足とした教団の興隆との重畳的意義をもつことであった。

ここに来て、次のように言うことができよう。浄土真宗の獲得者としての親鸞は真宗の原体験者であり、その浄土真宗の伝持者としての蓮如は真宗の追体験者であったと。ここに真宗の伝統護持という蓮如畢生《ひっせい》の事業が、真に真宗の追体験に裏うちされて可能であった事実を深く心に刻みたい。

惟《おも》えば、わたしたちがひとたび自らの依るべき教法に立つかぎり、生涯を尽して背負うべきは伝道の課題ではないか。それは「自信教人信《じしんきょうにんしん》」（自ら信じ、人をして信ぜしむ――これは真宗伝統の第五祖・善導の語であるが、真宗との出遇いによって誕生する人間像を告げることばとして身近なものとしたのは実に蓮如であった――）の言葉に明らかなように、教えとの出遇いの感動が、必然的に歩む課題の共有化の使命感とならずにはいないからだ。蓮如はそうしたわたしたちの課題を、わたしたちに先だって問い、背負い、顕証していった先達ではなかったか。わたしたちの課題と共通の地平を生き抜いた蓮如に学ぶ普遍的意義も、この一点をほかにしてないと言えよう。

三　親鸞仏教における蓮如の位置

出遇いということ

あらためて言うまでもないが、親鸞の生涯を決定づけたものは「よきひと」法然との出遇いであった。その感恩の告白を、自ら和讃する。

曠劫《こうごう》多《た》生《しょう》のあいだにも
出離の強縁しらざりき
本師源空いまさずは
このたびむなしくすぎなまし
（『高僧和讃』）

〔訳〕無始以来いまにいたるまで、わたしたちは生死の流転を超え離れる弥陀の本願に出遇えなかった。いま法然上人の教えに遇えなければ、このたびの人生も生死流転をくりかえして空しくすぎたであろう。

いま「出遇い」の語を用いたが、この語は（普通「出合い・出会い」と表記する）これからもしばしば出るであろうから、ここで一言しておきたい。「出会い」の語は現在、哲学をはじめ神学・教育・心理・倫理、ないし芸術や諸学にわたって広範囲に用いられているが、例えば現代ドイツの哲学者・教育学者、O・F・ボルノー（Otto Friedrich Bollnow）の『実存哲学と教育学』（峰島旭雄訳・一九六六年九月理想社刊）では、「出会い」の語の現代的用法に広義と狭義の二通りあることを指摘し、その意味するところを明らかにしている。すなわち、広義には、出会いを一般に人と人との精神的ふれあいとして捉え、そこからより広い意味における実在の経験として捉える。一方狭義には、この概念が他の人間との特殊な、つまり実存的なふれあいを意味し、実存的に覚醒させられることを意味すると言う。そして著者みずからの実存的教育学の問題提起として「出会い」の意味を、なんでも随意な人間的邂逅が、それだけですでに出会いだというのではない。そうではなくて、厳密な意味で出会いと名づけられるものは、ただ、比較的まれな、しかしまた決定的に重要な事象のみである。そこでは、他の人間がその人の核心に触れ、そのため、かれのこれまでの生全体が、一切のくわだてや期待とともに投げすてられ、かれにとってまったくあたらしいなにものかがはじまる。このようなことが運命的に人をおそうときにのみ、本来的な意味で出会いについて語られるのである。

と言って、「人間が自己となることにとって決定的に重要な事象」としていることは、「出会い」を宗教概念とする神学とつながって、わたしたちの注目させられる点である。いま親鸞にその意をたずねれば、「出遇い」と表記せずにいられない。なぜなら、「出会い」のそうした内実こそは、

遇いがたくして今遇うことを得たり。聞きがたくしてすでに聞くことを得

たり。　（『教行信証』総序）

という自らの思慮分別・計算を超えた感動であり、まったく想定外の出来ごとだからだ。

「浄土真宗」の真骨頂

親鸞は主著『教行信証』の跋文《ばつぶん》に、恩師・法然を仰いで、「真宗興隆の大祖源空法師《げんくうほっし》」と明らかに記す。もとよりそれは阿弥陀如来の選択《せんじゃく》本願の念仏に釈尊一代の教えを集約し、これぞ真実に末法無仏の世における仏道（仏に成る道）なりと、高らかに宣言した「浄土宗」独立という歴史的事業を指すことであった。それによって聖道仏教の従属的位置にあった念仏の教えが、聖道の教えの諸宗に対して浄土の教えの一宗として興隆されたのであった。親鸞はこれをさらに、

本師源空世にいでて
弘願の一乗ひろめつつ
日本一州ことごとく
浄土の機縁あらわれぬ
智慧光のちからより
本師源空あらわれて
浄土真宗をひらきつつ
選択本願のべたまう
（『高僧和讃』）

〔訳〕初首は既に掲げた（二一三頁）。

阿弥陀如来の智慧のはたらきによって、宗師である源空上人がこの世にあらわれ出られ、浄土真宗を開いて、選択本願の救いを説かれた。

と讃歌することからも、法然を日本の国における浄土真宗の興隆者と位置づけるこころが読みとれる。

そうした法然との出遇いによって浄土真宗に帰入し、しかもその浄土真宗のこころを開顕したところに親鸞の歴史的事業があった。ということは、ここに言う「浄土真宗」とは決して宗派の名ではない。自らが宗とする、自らが選び定めた仏道の名である。それゆえ親鸞はすでに法然によって興された浄土宗という仏道の内実を、「浄土真実の教（規範＝大無量寿経）・行（実修＝念仏）・証（修得＝往生）」と了解し表現したことから言えば、法然のそれは、

ただ念仏して（『歎異抄』第二条）

に尽される行証の道であった。

しかしその「ただ念仏して」の教えに直参した親鸞はその足下に、念仏する心はいかなる心かを問いかえさずにいられなかった。それは念仏が阿弥陀如来の選択本願の名号として、本願の具体的表現、すなわち本願の名告り《なの》（よびかけ）であるかぎり、それに応《こた》える心（念仏する心）もまた必然的に念仏の心でな

ければならぬではないか。にもかかわらず現実は、

念仏をしながら、他力をたのまぬなり。

（『一念多念文意《いちねんたねんもんい》』）

という自己執着・自己過信の心に生きる自分ではないか。この念仏の心に背く自分を問題にしていくことのほかに念仏の心に出遇い続ける方途はなかった。

ここに法然の興隆した浄土真宗は、人間心（自己関心）で念仏する浄土仮宗（自力の念仏）でなく、どこまでも念仏の心で念仏する浄土真宗（他力の念仏）であることを開顕した親鸞なのであった。この開顕こそ主著『教行信証』製作の眼目であり、浄土真宗の真骨頂と言える。

この間の意味するところについては、後にあらためて言及することとして、いま『末燈鈔《まっとうしょう》』第一通の、

浄土宗のなかに、真あり仮《け》あり。真というは、選択本願なり。仮という

は、定散二善《じようさんにぜん》なり。選択本願は浄土真宗なり。定散二善は方便仮門《ほうべんけもん》なり。浄土真宗は大乗のなかの至極なり。

〔訳〕浄土宗の中にも真の教え、仮の教えがある。真というのは阿弥陀如来の選択本願であり、仮というのは人間に立場する修善のことである。その選択本願が浄土真宗であり、自力修善は選択本願に帰入する通路である。この浄土真宗はその意味で大乗の教えのなかで究極の教えである。

という文は、親鸞の仏教史観の簡潔な表現として注目されるところである。これを蓮如も、

されば、自余の浄土宗は、もろもろの雑行《ぞうぎよう》をゆるす。わが聖人は雑行をえらびたまう。このゆえに真実報土の往生をとぐるなり。このいわれあるがゆえに、別して真の字をいれたまうなり。（『五帖御文』一の一五）

〔訳〕親鸞聖人の流れ以外の浄土宗は、往生浄土のために種々の雑行（人

間の努力としての善根功徳）を認める。しかしわが聖人はそれを簡《えら》び捨てられた。だから真実報土に生まれることができる。この道理をもって、とくに真の一字を加えられた。

と述べるところであった。

信心の再興・組織教団の初興

そのように親鸞によって開顕された浄土真宗を、世を挙げて混迷と彷徨の中にあった戦国乱世の人びとに、

聖人の御流には、弥陀をたのむが念仏なり。

（『蓮如上人御一代記聞書』〈以下『聞書』と略称〉一八〇）

〔訳〕親鸞聖人の浄土真宗では、弥陀を依りどころとする信心が、とりも

直さず念仏である。

と表現し、真実の帰依処《きえしょ》を掲げて広く同朋の交わりを開き、真宗の真の民衆化を果たしたのが実に蓮如であった。その点、

蓮如上人、仰せられ候う。「何たる事をきこしめしても、御心《おんこころ》には、ゆめゆめ、叶わざるなり。一人なりとも、人の、信をとりたることを、きこしめしたき」と、御ひとりごとに、仰せられ候う。御一生は、人に信をとらせたく思し召され候う由、仰せられ候うと云々　（『聞書』一八七）

〔訳〕蓮如上人は「いかようなことを聞いても、自分の心を少しも満たしてくれるものでない。たとい一人であっても、人が信心をいただいたということを聞きたいものだ」と独り言に言われた。上人は、人びとに信心をえさせたいと願うご一生であったと。

と伝えることからも、いかに蓮如が人びとをして信心に入らしめることにその生涯を燃焼したかが思われる。

その意味で蓮如の親鸞仏教における歴史的役割ないし位置づけは、すでに一言した『遺徳記』に見る「真宗再興の徳」について、

聖人の御流は、たのむ一念の所、肝要なり。故に、たのむと云うことをば、代々、あそばしおかれそうらえども、委《くわ》しく、何とたのめと云うことを、しらざりき。しかれば、前々住上人の御代に、『御文』を御作り候いて、「雑行をすてて、後生たすけたまえと、一心に弥陀をたのめ」と、あきらかにしらせられ候う。しかれば、御再興の上人にてましますものなり。

〔訳〕親鸞聖人の真宗の教えは、弥陀を依り処とたのむ一念の信心が最要である。それゆえこのたのむということを聖人以来、本願寺の歴代はみな言われてきたが、人びとはどのようにたのむのかをはっきりわかっていな

かった。それを蓮如上人のお代になって、『御文』をお作りになられ、「雑行をふりすてて、後生たすけたまえと一心に弥陀をたのめ」と明らかに人びとに示された。それゆえ蓮如上人は真宗御再興の上人であられる。

と伝える『聞書』（一八八）の一文によって明らかである。ここに再興の事由を、南無阿弥陀仏のいただきかた、受けとめかたを明確にしたことによるとした見解は、それこそ真宗創造の核心としてとくに注意すべき指摘である。法然によって興隆され、親鸞によって開顕された浄土真宗を、戦乱暗黒の世の人びとの真の拠り処として再興した蓮如の業績を如実に言いあてている。

すでに述べたように、「伝統」は単に外形的な無批判な継承でなく、どこまでも主体的なかかわりかた、つまり自分自身に受け取り直すというきびしさの一点が求められることであった。それゆえに真の伝統は、つねに伝統の主体化による創造においてのみ現前すると言えるのであった。蓮如の真宗再興もその意味で単に復旧とか復元とかでなく、本質的な意味において、あの戦乱の世に親鸞の浄土真宗の創造を真に果たし遂げたことであった。したがって次の一点をあらためて確認しておきたい。

とかく蓮如の真宗再興と言えば、教団史の視点からは教団の再興と受けとめられるが、再興と言えばもとよりそれ以前にそのものが存在し、しかもそれが衰勢にあったことを前提とする。だが、蓮如以前に本願寺は市民権を得ていたか。また何よりも組織的な教団体制を成していたか、そうではない。蓮如によって外に向かっては東海・北陸・近畿という広域に教化を拡大し、内に向かっては天台宗（青蓮院《しょうれんいん》）の傘下にあった本願寺を山科に独立させ、堂内の荘《しょう》厳《ごん》や勤式《ごんしき》作法にいたるまで天台色を一掃し、真宗色を確立するという未曾有の成果をみたのであった。そうした教団史の側面からは再興というよりも、むしろ初興と言うべき蓮如の業績であるといえるだろう。

ならば、再興とは何か。くりかえしになるが、親鸞によって開かれた浄土真宗、すなわち「正信念仏」の教えを、乱世に生き惑う人びとに真に生・死することのできる根拠として指し示すことができたことであった。まさに信心の再興である。その信心の再興、真宗創造が、本願寺の活性化、組織教団の構築を本格化させたのであって、決してその逆ではなかった。

『悲しみの底から』

以上、本書のプロローグを「伝統と創造」としてたずねてきたが、それによって見定めえたことは、浄土真宗の創造こそ親鸞の伝統に応え、親鸞を継承しえた蓮如のいのちと言えることであった。以下、わたくしはこの視座に立って蓮如の真宗創造の内実を、一点『御文』の叫びのうえに凝集して聞いてゆきたいと願っている。

それだけにいまここで是非一読しておきたいものは、過ぐる京都の東本願寺（真宗本廟）での蓮如の五百回御遠忌の法要（一九九八年四月）のとき、五木寛之著『蓮如物語』の感想文コンクールで中学校の部の最優秀賞となった『悲しみの底から』の一文（抄引）である。

〈親鸞さまについておゆき。そして、一生かけてお念仏を世間に広めるのですよ〉

このことばを残して、風のなかに姿を消していった母…。あとに残った、わずか六歳の布袋丸…。（中略）おそらく、蓮如上人の活動の原点は、最初に書いた「母との別れ」にあったのだと思います。（中略）闇の中にたった一人で置き去りにされたような孤独感。その、なんとも言えないようなさびしさや、この戦乱の世で、自分に一体何が出来るのだろうという疑問、無力感に苦しんでいた時期があったはずです。ちょうど現代を生きている私達がそうであるように…。

しかし、そんなある日、犬に足を食いちぎられ、死んでいこうとする老人に出会った蓮如は、心の中にひびいてきた母の声にみちびかれるようにして、老人と共に真実の念仏に出会うことができたのです。（中略）

現代を生きる私達が、今最も必要としているのは、この「目には見えないけれど、私を支え、生かしてくれている大きな力」を、人と人とのつながりの中でたしかめ、信じていくことなのではないかと思います。

この数年、世の中では「いのち」の意味を考え直さずにはいられないような異常な事件が相次いで起こりました。原因は一口では言えないでしょうが、共通して言えるのは、豊かな物質文明の裏側にある人間の孤独感や無力感、一人一人の胸の奥にぽっかりとあいたような悲しみが、大きなひずみとなって、これらの事件に現れているように思えることです。

誰の心の中にも、孤独感や無力感、そして悲しみはあると思います。しかし、それを誰かのせいにしてうらんだり、他人を犠牲にして目的を達しようとしても、そこにはまた新たな悲しみが生まれてくるだけなのだと思います。

この物語を読むと蓮如ほど、「人間が好き」だった人はいなかったと思うのです。共に笑い、共に泣き、どんな人でも包み込んでくれるような大きさ、豊かさを感じます。でも、その蓮如の豊かさは、おそらく悲しんで悲しんで悲しんで…悲しみ抜いた底から生まれ出てきたものなのでしょう。

大切なことは蓮如のように、自分自身の心の中にある「悲しみ」から目をそらさず、とことん向いあっていくことなのではないでしょうか。学校などでも、ともすれば「暗さ」を敬遠しがちな私達ですが、「暗さ＝悲しみ」と、正面から向いあった人こそが、人の悲しみを共に悲しみ、またそれを喜びにかえて、他の人にも希望の灯をともせるような明るい生き方ができるのだと思いました。

私も蓮如上人のように生きたいと願います。

（『同朋新聞』）

第一章　蓮如における真宗創造の原点

その精神と実動

一　親鸞の同朋精神に回帰

蓮如の教化伝道の基本姿勢と目的課題

親鸞が既存の仏教の寺院体制から出離した（捨てた）一介の求道者として、その生涯を生き抜いたことは、

親鸞聖人が故郷（京都）に帰って、過ぎ去りし年月を回想するに、幾十年の歳月は夢のごとく、まぼろしのごとくであった。華やかな都に住んでいても、世間に交わるのに気がすすまない。あるいは右京、あるいは左京と、ところどころに移り住むありさまであった。（『親鸞伝絵《でんね》』下巻末・訳）

と伝えることからもうかがうことができる。それに対し、生まれながらにして

寺院体制の中にあり、すでに所与のものとしてあった親鸞の浄土真宗を、いかに受けとめ、いかに伝えていくかに、その生涯を燃焼した蓮如はたしかに体制の人であったと言わねばならない。

だが、蓮如の背負った「真宗再興」の課題は、まさにインナープロテスト、体制内改革として、戦乱の世に親鸞の真宗を創造することであった。では、そうした生まれながらに寺院体制の中におかれた蓮如が選び取った、真宗創造の原点とは何であったのか。いまそれを端的に言うとすれば、果たして矛盾の中に身をおきつつ、親鸞精神を問い続け、それに回帰することであった。

それについて、まず蓮如の「ふみ」を読もう。

故聖人のおおせには、「親鸞は弟子一人ももたず」とこそ、おおせられ候いつれ。「そのゆえは、如来の教法《きょうぼう》を、十方衆生《じっぽうしゅじょう》にときかしむるときは、ただ如来の御代官《おんだいかん》をもうしつるばかりなり。さらに親鸞めずらしき法をもひろめず、如来の教法をわれも信じ、ひとにもおしえきかしむるばかりなり。そのほかは、なにをおしえて弟子といわんぞ」とおおせられつるなり。されば、とも同行なるべきものなり。これによりて、聖人は御同朋《おんどうぼう》・御同行《おんどうぎょう》とこそかしずきておおせられけり。

（中　略）

古歌にいわく

うれしさを　むかしはそでに　つつみけり　こよいは身にも　あまりぬるかな

「うれしさをむかしはそでにつつむ」といえるこころは、むかしは、雑《ぞう》行《ぎょう》・正行《しょうぎょう》の分別もなく、念仏だにももうせば、往生するとばかりおもいつるこころなり。「こよいは身にもあまる」といえるは、正・雑の分別をきわけ、一向一心になりて、信心決定《けつじょう》のうえに、仏恩報尽のために念仏もうすこころは、おおきに各別なり。かるがゆえに身のおきどころもなく、おどりあがるほどにおもうあいだ、よろこびは、身にもうれしさが、あまりぬるといえるこころなり。

（『五帖御文』一の一）

〔訳〕亡き親鸞聖人は「親鸞は一人の弟子も持ってはいない」と言われていた。そのわけは、如来の教えたもうみ法《のり》を人びとに説き伝えるときは、ただ如来の大切な代役をつとめさせていただいているだけである。別に親鸞は人の目をひく変わった教えをひろめてはいない。如来の教えをわたくしも信じ、人びとにも伝えてお聞かせするだけである。それ以外に、いったい何を教えて自分の弟子と言おうとするのか、と言われたことであった。それゆえ、朋として同じく念仏するものである。こういうわけで親鸞聖人は御同朋・御同行と敬まって言われていた。

（中　略）

古い歌に、こう言っている。「うれしさといっても、昔は自分の袖に包むほどのものであった。ところが今夜は、身にもあまるほどのうれしさに包まれている」と。「うれしさを昔は袖につつむ」というのは、昔は人間の都合の雑《まじ》る行業と、如来の真実の行業との異質さも知らないままに、念仏さえもうしていれば救われるように思っていたという意味である。「こよいは身にもあまる」というのは、仏力他力の正行と凡夫自力の雑行との異なりを聞き開いて、一向一心の信心決定のところで、その仏恩を報じ尽す称名念仏をするこころは、昔のこころとはまったく異なるものである。それゆえに身のおきどころもなく、おどりあがるように思えるので、そのよろこびは、わが身にもあまるようなうれしさであふれているという意味である。

現在、蓮如の『御文』と言えば主として『五帖御文』と呼んでいるものであるが、これはその第一通の文面（抄出）だけに、とくに注目されるものである。と言うのは、この第一通は文明三年（一四七一・蓮如五十七歳）七月十五日付となっており、蓮如の教化活動が本格化した越前吉崎への進出の年である——蓮如は同年四月上旬に近江から吉崎に赴き、同年七月二十七日には坊舎を建立している——。その時点で蓮如自身、真宗再興にむけて実動する基本姿勢とその目的課題とを自他のうえに明確に宣言したものとの印象を、その内容から強くうける。

ヒューマニズムを問いかえす同朋精神

『五帖御文』の前段は蓮如の基本姿勢の確認として、具体的にその門徒観・教団観を鋭くも明言している。前段を一読して直ちに『歎異抄《たんにしょう》』第六条のこころとの重なりが思われるが、蓮如の真宗再興を果たしていく自覚的立脚地として親鸞の同朋精神をしっかりと選び取っていることが読みとれる。

それというのも、前段に続く文面――前記中略の部分の文章――に、

されば、ちかごろは大坊主分《だいぼうずぶん》のひとも、われは一流の安心《あんじん》の次第をもしらず、たまたま弟子のなかに、信心の沙汰する在所へゆきて、聴聞し候うひとをば、ことのほか説諌《せっかん》をくわえ候いて、あるいはなかをたがいなんどせられ候うあいだ、坊主もしかしか（確々）と信心の一理をも聴聞せず、また弟子を

ばかようにあいささえ候うあいだ、われも信心決定せず、弟子も信心決定せずして、一生はむなしくすぎゆくように候うこと、まことに自損損他のとが、のがれがたく候う。あさまし、あさまし。

〔訳〕ところが近ごろは多くの門徒を導くべき大坊主の立場にある人も、自分は真宗の信心の趣旨も知らないで、たまたま弟子の中で信心について語りあえる場所へ行って聴聞する人がいると、ことのほか叱責を加えたり、あるいは縁を断ったりなどしているありさまは、坊主もたしかに信心の道理も聴聞できず、また弟子にもこのように妨げたりなどしていては、自らも信心を決定できず、弟子も信心を決定できないままに、一生が空しく過ぎてしまうことは、ほんとうに自らを損い、他をも損う罪からのがれられないばかりだ。まことに嘆かわしいことである。

とある。この赤裸々な指摘は、当時の僧侶・門徒らに、親鸞の同朋精神がいかに喪失されていたかを語るものである。本願寺の衰微もそこに起因することを何よりも洞察した蓮如にとって、親鸞の同朋精神への回帰、その一点に真宗の再興、真宗創造の原点を確信せずにいられなかったにちがいない。

ここで親鸞の「同朋」精神について一言しておきたい。親鸞の著述のうえで「同朋」という語が見えるのは和文形式のもの、とりわけ門弟の人たちに送った書簡のなかである。そして内容的に重なる類語として、「同法」「同行」の語を用いていることが注目される。

「同法」の語はすでに鎌倉時代一般に用いられており、「法を同じくするもの」、つまり同学・同信の意味である。それが後に朋友の意味から、「同朋」に転じたものと言われる。そこから「同朋」の語を見極めるキー・ポイントとして、「同胞」との異なりを留意すべきに思う。「同胞」の場合、「兄弟、はらから」「同じ国民」、さらに「人類愛をもって結ばれたなかま」等の意味で用いられるが、「同朋」という場合、「朋」はやはり「とも・なかま」の意味であっても、「同師・同門の間柄の友（同朋）、道に志を同じくする友（朋友）、心を合わせる友（朋心）」を意味する。

したがって親鸞が「同法」の語を併せ用いていることからも、「同朋」の背景はどこまでも「同法」であることを見落せない。つまり「同胞」がヒューマニズムの立場であるのに対し、「同朋」はかえってそうした人間の立場そのものを問いかえす究極的なもの（仏教でそれを「法」とよぶ）からの「なかま」を指す。それゆえ「同朋」はそのまま同一の法を行ずるなかま「同行」とも表現されるのであり、同時にまたかえって同胞を超えて同胞を包む意味をもつことをあらわしている。

惟《おも》えば、人間が自我の分別心に左右されるかぎり、友と言っても利害得失で離合集散するなかまでしかありえない。そうしたわたしたちのうえに「真の友」の世界、言いかえれば「真の平等」の世界を開いてくるものは、わたしたちの自我の分別の立場を根底から問いかえさせる究極的なものへのめざめによってのみ成り立つことを「同朋」の語は深く告げているのであった。

蓮如の深い人間愛―教育観・女性観―

蓮如における同朋精神の選びと実践を語る事例は多く伝えられているが、なかでも次の一つは際立ったものとして注目される。

昔は東山に御座候時より御亭《ぎょてい》は上段《じょうだん》御入候と各物語候、蓮如上人御時上段をさげられ、下段と同物に平座にさせられ候。其故は、仏法を御ひろめ御《ご》勧化《かんけ》につきては、上臈《じょうろう》ふるまいにては成《なる》べからず、下主《げす》ちかく万民を御誘引あるべきゆえは、いかにもいかにも下主ちかく諸人をちかく召て御すすめ有べき（下略）。（蓮如十男・実悟の記す『本願寺作法之次第《さほうのしだい》』）

〔訳〕かつて東山大谷・本願寺内の対面所は上段の間が設けられていたが、蓮如上人はその上段を取り払って下段と同じ平座になさった。それは門徒に仏法を伝えるのに貴族振舞いでできることではないと、どんな人ともその態度から親しみ近づき仏法を勧められた。

ここに言う御亭の上下段とは、当時の本願寺住持が門徒たちとの接見に用いた上下段にわかれた構造の部屋のことであり、蓮如はそれを撤廃したと伝えるものである。蓮如のそうした態度はおそらくそれまでの本願寺の「上臈ふるまい」、いわば貴族的態度に対するきびしい自己批判でなかったかと思われる。それだけに撤廃の意味するものは、蓮如自身の教法に対する姿勢の確認にほかならなかったと言えよう。それは教法の私有化を意味する「教えるもの」と「教えられるもの」という、「対する」関係への自己告発であった。つまりすべての人間が教法の前には等しく聞く存在であり、救われる存在として本来的に共にある関係、または構造のなかにあるものとの深い懺悔《さんげ》をあらわすものである。したがってそれこそは本質的に教法に対する無私の姿勢であり、本来的に共在者としての人間が、真に人と人との交わりをとおして、共に聞き、共に救われてゆくことへの原点を証《あかし》するものにほかならない。その意味で「弟子一人ももたず候」は本来、教法の前には「弟子一人ももてず候」という痛みの告白にちがいない。

京都の大谷専修学院の元学院長・信國淳《のぶくにあつし》が提唱した「呼応の教育」をここに想起する。提唱の意味するものは真の教化（教育）はどこで成り立つか、を問うものであったと言えよう。次の指摘に耳を傾けたい。

仏教教育といえば、仏教による人間教育のことに違いありませんが、しかし仏教による人間教育といった場合、私はそこにひとつ我々のぜひともはっきりさせてかからねばならぬことがあるのではないかと思います。それはどういうことかといえば、ひと口に仏教による人間教育といいましても、それには人間が仏教を借りて人間を教育しようとするものと、仏教、すなわち仏の教えそのものが直接人間を教育するという教育と、そういう二つの型の教育があるということなのであります。そして私は、この二つの型の教育をどこどこまでも区別して、その分際を明瞭にする必要があると思っておるのであります。

（『信國淳選集』第四巻）

ここには「人間が仏教を借りて人間を教育しようとする」教育と、「仏教すなわち仏の教えそのものが直接人間を教育するという教育」との異質さをもって、教育の質的転換を問うているのであった。それは教える教化（教育）から、学ぶ教化（教育）への覚醒であり、すべての人間が教法の前には等しく学ぶ存在として、本来的に「共どもに」ある「関係」、または「構造」のなかにあるものだという自覚にほかならなかった。

ひるがえって、蓮如のそうした基本姿勢をもっとも具体的に集約するものとして、

開山聖人の、一大事の御客人と申すは、御門徒衆のことなり

（『聞書』二九六）

〔訳〕親鸞聖人の言われるほんとうに大切な御客人とは、本願念仏の教えに生きる御門徒の人たちである。

の一条は、すでに引用した「ふみ」第一通前段の趣旨を如実に語る象徴的なものと言えよう。ひたすら「如来（釈迦）・聖人（親鸞）の御弟子」道の同行人として出遇っていった蓮如の門徒観を示してあまりある。

このように蓮如の基本姿勢をたずねてくるとき、そこにあらためて感ずることは蓮如の深い人間理解であり、人間愛のぬくもりである。「ふみ」をみれば、例えば、

まず、浄土真宗の信心の内実を言えば、ことさらに、わが心の悪いことも、またあやまった思いや、とらわれの心の起こるのも、とどめなければならないというものではない。ただいつものように商いをもし、人に仕えることもなさい。狩猟や漁業もしなさい。このような浅ましい罪業にあけくれているわたくしどものような取り柄のない者を、たすけようと誓われた弥陀如来の本願である。

（『五帖御文』一の三・訳）

と言い、さらに詳しく、

侍能（士農）工商について

一、主君に仕え、弓矢をたずさえて、主の命令のためには身命を惜しまない。

一、耕作に従事し、鋤《すき》・鍬《くわ》をひっさげて大地を掘り動かし、力を入れて耕すことを中心として生活する。

一、芸事をして、人を誘い、おもしろおかしいことをいうのを中心にして、浮き世を渡る身である。

一、朝夕、商いに励み、あるいは渡り難い海の波のうえに浮かんで、恐ろしい難破に遭《あ》うことも気にかけない。

このような迷いのうちにあるわれら凡夫を救おうと阿弥陀如来は大誓願を起こして、三世十方のあまたの仏に捨てられた悪人や女性を救いとりたもうのである。

（帖外御文・訳）

とも言う。ここにはあらゆる職業に生きる人びとの労苦の現実に密着し、しかもそれらの人びとと同じ目の高さ、「われら」として向きあった蓮如の衷情がうかがわれる。その点、史家によれば蓮如の進出先の地域性やその時代的動向から、門徒層には単に農民層にとどまらず、商・工業、運送業さらには漁業や狩猟に従事する人びとまでが挙げられ、その広さ、とりわけ罪業意識に直面する人びととの連帯が注目される。

そうした蓮如の態度は、さらにそれらの人びとの陰に働く女性に対して強く向けられていった。それは晩年にすすむほどにその数を増していく、「女人成仏」の教えの「ふみ」に顕著である。中世の家父長制にもとづく封建身分社会の中で、とくに当時の女性一般について、主として「家」の生活における手仕事中心の役割が指摘される。それは農村でも単に農作物に関する手作業というものではなく、農村とか町とかの地域差はあっても、糸紡ぎ・布織り・刺繡・裁縫・染物・紙漉《す》き・物売り等々、当時すでに貨幣経済社会の中で、その経済生活を支える重要な役割を荷《にな》っていた。しかしなお現実的に弱者の立場にあえぎ、精神的支柱を強く求める多くの女性に対し、平等成仏の救いの手をさしのべた蓮如であった。

もとよりそれは「十方衆生」とよびかける阿弥陀如来の本願を、「貧窮《びんぐ》と富《ふ》貴《き》とを簡《えら》ばず、下智《げち》と高才《こうざい》とを簡ばず……破戒と罪根の深きとを簡ばず、ただ回心して多く念仏」（『選択集《せんじやくしゅう》』）とうけとめて提唱した法然。さらにそれを「すべて、よきひと、あしきひと、とうときひと、いやしきひとを、無碍光仏《むげこうぶつ》の御ちかいには、きらわず、えらばれず、これをみちびきたまうをさきとし、むねとするなり。真実信心をうれば実報土《じっぽうど》（弥陀の浄土）にうまるとおしえたまえるを、浄土真宗の正意とす」（『唯信鈔文意《ゆいしんしょうもんい》』）と開顕した親鸞の万人成仏の真宗仏教を継承するものではあったが、多く女性を排除してきた日本の仏教史上からも、またその真の民衆化のうえからも、それは特筆大書されることであった。

惟えば蓮如自身、実母との生別、継母との確執、また吉崎進出のころまでに再婚した妻と四人の子女に死別するという人生の深い悲しみが、女性教化の熱い眼差しの機縁になっているかに推考される。蓮如は女性に関して、罪深く疑い深き五障三従《ごしょうさんしょう》の身と捉えながら、「在家止住の男女たらんともがら」、「一念帰命の他力の信心を決定せしむるときは、さらに男女老少をえらばざるものなり」とくりかえし、ついに、

「五濁悪世《ごじょくあくせ》の衆生」というは、一切我等女人悪人《われらにょにんあくにん》の事なり。
（『五帖御文』五の六）

末代不善の凡夫、五障・三従の女人をば、弥陀にかぎりて、われひとりたすけんという超世《ちょうせ》の大願《だいがん》をおこして、われら一切衆生を平等にすくわんとちかいたまいて、
（同　二の八）

と言って、「五障三従の女人」を直《ただ》ちに「われら一切衆生」とうけとめる。そこには人間を代表しての女人と罪に自己自身を重ねるという実に、阿弥陀の本願にもとづく蓮如の深い信眼からの人間理解が溢れている。

ここに至ってあらためて、

蓮如上人に対して、ある人が親鸞聖人のご在世のときのことにふれて、「これはどういう事情のことでしょうか」とおたずねしたら、蓮如上人は「それは私も知らない。私は何事であれ、その事情のわからないことであっても、親鸞聖人のなされたそのままをいただいている」と申された。

（『聞書』一五九・訳）

という一条を読むとき、親鸞の滅後はじめて〝親鸞に帰れ〟と自覚的に実践した人は、実に蓮如その人であったことに思い至る。それだけに、その「真宗再興」が意味する真宗創造の原点を、親鸞精神たる同朋精神に見極めた蓮如は、「とも同行」という親鸞の僧伽《さんが》の回復をひたすら願ったのであった。とかく蓮如の功績を浄土真宗の「中興の祖」と偉業偉人化しがちであるが、むしろそれを自覚的に突き抜けて親鸞の精神に回帰した原点志向の視座こそ、蓮如に学ぶ基本でなければならないと強く思う。

「おまえさんな、いま一体何が一番欲しい」

既掲の「古歌にいわく」に続く後段は、前述した蓮如の基本姿勢による教化の目的課題、つまり何を人びとに訴え、何を人びとと共有していこうと願ったのか、蓮如の教化の眼目を語る内容である。それは「正・雑の分別をききわけ、一向一心になりて、信心決定のうえに、仏恩報尽のために念仏もうす」身となることだと言う。しかもそれが殊に「うれしさを　むかしはそでに　つつみけり　こよいは身にも　あまりぬるかな」の古歌の引用をもって、その充足感の異なりをあらわすかたちをとっていることは、「正・雑の分別」こそ僧分・門徒を問わず真宗一門の徒（真宗門徒）の始発点であり、本願念仏に生きる出発点であることを告げていると言える。

では、「正・雑の分別」とは何を意味するのか。その点何よりも蓮如自ら、ただもろもろの雑行をすてて正行に帰するをもって本意とす。

（『五帖御文』二の七）

と言い、続いてその内実を、

その正行に帰するというは、なにのようもなく、弥陀如来を一心一向にたのみたてまつることわり《道理》ばかりなり。

（同前）

として、自らの依り処の選びであることを明かす。しかもそれがあらわすものは、すでにふれた〝親鸞に帰る〟実践の意味的開示として、親鸞の生涯の原点たる「よきひと」法然との出遇い、すなわち、

雑行を棄てて本願に帰す。

（『教行信証』後序）

の告白に回帰し、そこを出発点として生きることの提示にほかならなかった。

ここに言う「正行・雑行」等については後にあらためてふれるけれども、ここではそうした選びの問題が現代を生きるわたしたちにとっていかなることなのか、その一点だけにふれておきたい。

日ごろよく〝浄土真宗の教えを初めて学ぶ、あるいは聞くという場合、どんな本を読めばよいか〟という質問をうける。そこで私自身のつねの自己確認を聞いていただくことにしている。それはこうである。

浄土真宗の教えは、これこれであると固定化されたものではないから、その意味で教理や教義学の本を読んでも、わからないであろうし、かりに概念がわかったとしても、対象化した学びではわかった自分は何も変わらず、頭で理解したということにすぎない。わたしたちが一つの教えを学ぶ、あるいは聞くということは、そこにかならず自分の生きかたを教えられることなのだ。つまり教えは人間のうえに一つの生きかたとなって具体化し、実現されていく。その意味で浄土真宗の教えを学ぼうとするならば、何よりも宗祖・親鸞という人がどんな生きかたをした人か、その生涯について学ぶことである。波乱にとんだ九十年の生涯をいかに生きられたか、その生きかたに学ぶことこそ私たちの最要である。教理とか教義とかはその生きかたのもつ道理性・普遍性を明らかにしたものであって、決して教理や教義が先にあるのではない。

いま「生きかた」と言ったが、ならば、浄土真宗の教えはそれをいかに表現しているのか。端的に言うとすれば、「本願にめざめ、本願に生きよ」と（本願の宗教）。だが、この「本願」ということが、もはやスッと理解されないのが今日の状況でなかろうか。

わたくしは相田みつをの次の詩がとても好きで憶念《おくねん》している。

おまえさんな
いま一体何が
一番欲しい
あれもこれもじゃ

だめだよ
いのちがけで
ほしいものを
ただ一ツに的を
しぼって
言ってみな

これは、〝汝の欲《ほっ》するものは何か〟と問うているのだろう。ならば即座に返事ができそうに思うが、実はそれができない。それもそのはず、すぐに言える返事は、やれお金だ、やれ家だ、やれ車だというように、「あれもこれも」のレベルであって、すでに「だめだよ」と釘がさされている。「いのちがけでほしいものを」と言われたら、もうお手あげである。自分のことでありながら、自分でわからない。

だが、道は一つ。すでにわたしに先だって〝これでないか〟と言いあてて、願っていてくれる真実の願い、それを聞くほかはない。真実の願い、それを阿弥陀如来の「本願」と言い、それが真実のことば「南無阿弥陀仏」となって、わたしたちに喚《よ》びかけてきているのだ。

より具体的には三国の七祖、親鸞、蓮如、無数の念仏者という本願念仏の伝統歴史としてわたしたちに現前しているのだ。その先達・先輩のことば、教えを聞くことによって、真に欲するもの、真に求めていたもの（本願）を知らされ、それを生きる道に立つ。この道の始めに立つことを親鸞は「雑行を棄てて本願に帰す」と言い、蓮如もそれを「もろもろの雑行をすてて正行に帰す」と告白しているのであった。

それは人生の第二の誕生として、自己の意識変革を意味する出来ごとと言われるが、その点さらに後述をまって追究したい。

二　覚如の教団的志願の継承

蓮如の志願の動機づけ

蓮如の真宗再興の志願の動機づけについては、やはり『遺徳記』に伝える蓮如六歳のときの、

ねがはくは児《ちご》の御一代に聖人の御一流を再興したまえ
（『真宗聖教全書』三の八七〇頁）

と言い遺した生母（そのままいずこともなく本願寺を立ち去った）の懇望に求められる。しかもそれが蓮如十五歳のとき、

先師（蓮如）十五歳よりはじめて真宗興行の志し頻《しきり》にして……如何《いかが》してかわれ一代において聖人の一流を諸方に顕さんと、常に念願したまい、終《つい》に再興し給えり。

（『真宗聖教全書』三の八七一頁）

という蓮如自身の主体的な「念願」となったことから、その忍苦の部屋住み時代が始まり、その中にあって座右の書としたとうかがわれる『歎異抄』――『歎異抄』の現存最古の蓮如書写本の表紙には「歎異抄一通」とあり、その右下に「蓮如之」と記す。「之」は蓮如自ら書写して座右に置く自要のものであったことを示す――の歎異の精神にその真意が読み取られている。

蓮如の『御文』と『歎異抄』との関係にいちはやく着眼し、両書の思想的系譜を示唆した人は妙音院了祥《みょうおんいんりょうしょう》（一七八八―一八四二・三河岡崎出身）の『歎異抄聞記』であった。さらに一歩踏み込んで、再興の精神を歎異の精神と道破したのは曾我量深《そがりょうじん》（一八七五―一九七一・新潟味方《あじかた》出身）の『歎異抄聴記』であった。歎異の精神とは『歎異抄』という書名の趣意を記すこの書の始めと終りの、次のことばに明らかである。

先師の口伝の真信に異なることを歎き、（前序）

一室の行者のなかに、信心ことなることなからんために、なくなくふでをそめてこれをしるす。なづけて『歎異抄』というべし。外見《げけん》あるべからず。（後序）

これによれば、歎異とは信仰の批判である。それは『歎異抄』が、「一室の行者のなかに、信心ことなることなからんために」との願いに立って書き記した信仰批判の書であることを告げる。しかもその批判が、それを果たしとげるに「なくなくふでをそめて」と、涙と共になされるような深い痛みと責任感からの信仰批判の書であった。『歎異抄』の書かれた時期は、すでに史家らによって親鸞滅後ほぼ二十五年前後と推定されている。

ここに言う「一室の行者」とは、もとより師親鸞の教えを共に聞き念仏する

同朋、それこそ専修念仏の輩、なかまであった。しかしその同朋の中に、

上人《しょうにん》のおおせにあらざる異義どもを、近来はおおくおおせられおう《(合)》てそうろうよし、（中序）

念仏もうすについて、信心のおもむきをも、たがいに問答し、ひとにもいいきかするとき、ひとのくちをふさぎ、相論をたたかいかたんがために、まったくおおせにてなきことをも、おおせとのみもうすこと、あさましく、なげき存じそうろうなり。（後序・傍点筆者）

という現実に直面し、何よりも師教に出遇い、師教に信順する者としての責任と使命があらためて問いかえされることとなった。それは独り自分だけ念仏してよろこぶというありかたにとどまることはゆるされないとの自己批判、つまり師教に信順するがゆえにこその痛みから、信心の共有化を願う使命感に生きる心であった。『歎異抄』を書かずにいられなかった著者（現在ではほぼ河和田《かわだ》

の唯円《ゆいえん》と推定されているが、その確証はない）なる人は、少なくともその心に生きた同朋の中の一人であったことだけは間違いない。

覚如の三代伝持の志願

親鸞の同朋精神に回帰した蓮如の姿勢が、そうした歎異の心を内実としたところに、「自信教人信《じしんきょうにんしん》」という積極的な「共に」の活動の展開があった。ならば、その自信教人信の活動は具体的にいかなるかたちでなされていったのだろうか。従来『御文』を書いた蓮如の意図について、

①人びとを親鸞の真実信心に入らしめるため。（信心の獲得）
②人びとにおける親鸞の真実信心に異なる偏見や独断をただすため。（異義の是正）

の二点が挙げられる。そして①を推進するためにかえって②にウエイトをおく『御文』の内容から、蓮如が「異義の是正」という極めて積極的なかたちをとったことが注目される。だが、問題はむしろそうした実動が何を意味していたかにあることであった。

蓮如の真宗再興を考える場合、もちろん親鸞との関係を根本としつつも、そこにいま一つ覚如《かくにょ》との関係がもつ意味的役割を見のがすことができない。その具体的行動として、蓮如が①の実動にあたって、覚如の推進した邪義の批判、つまり「改邪《がいじゃ》」の実践に倣い、異義の是正に力を尽したものと思われる。

覚如（一二七〇―一三五一・親鸞の曾孫・本願寺の法統としては第三代）と言えば、「三代伝持の血脈《けちみゃく》」の語に象徴的であるが、その著『改邪鈔《がいじゃしょう》』の奥書によれば、黒谷《くろだに》（法然）によって興隆された本願念仏の教えが、本願寺（親鸞）、大網《おおあみ》（如《にょ》信《しん》）と相承され、その血脈を覚如が継承したとするものであった。

ふりかえってみれば『歎異抄』が成立したころの真宗教団（真宗初期教団と呼ぶ）は、各地に何々門徒という門徒小集団の分立をみながらも、先師親鸞の感化が生き生きと伝えられ、「一室の行者」としてのつながり感に結ばれていたと考えられる。これに対し覚如が『改邪鈔』を書いた親鸞滅後七十余年ごろの真宗教団は、南北朝の争乱という社会的動乱の中で、有力な高田門徒、仏光寺門徒らの勢力が覚如の名告《なの》る本願寺門流に対して、同じ親鸞門流でありながらも、あたかも独立した教団のごとく対立してきていた感が否めない状況にあった。

そうした厳しい状況の中にあった覚如は、親鸞の血脈ゆえの責任感あるいは危機感からか、何よりも親鸞の教えを確実に伝承し、自らが身を置く本願寺門流をもって全親鸞門流を統一し、その社会的認知をえなければならぬとの強い志願に立ったのであった。それゆえに仏教教団が等しく重んずる師《し》資《し》相承《そうじょう》（師匠から弟子へ）という伝法の形式を、血脈相承（父から子へ）という形式をもって果たし遂げようとした。それが「三代伝持」の主張にほかならなかった。

したがってそうした志願に立つ覚如は、すでに親鸞滅後三十三年目に親鸞の最初の伝記、『親鸞伝絵』を書き（一二九五）、さらに二十六年後に『口伝鈔《くでんしょう》』

を（一三三一・「本願寺の親鸞聖人、如信上人に対しましまして、おりおりの御物語の条々」二十一ヶ条を集める）、続いて六年後には『改邪鈔』を著した（一三三七・いわゆる「上人のおおせにあらざる異義ども」二十ヶ条を取りあげて改邪する）。覚如は、まず『親鸞伝絵』によって「本願寺聖人」という独自の親鸞像を画《か》きあげると共に、『口伝鈔』『改邪鈔』等によって妥協をゆるさぬ信仰批判を展開して、親鸞の正統的信仰を強く発揚し、自らの親鸞門流における本流性を色濃く主張したのであった。

矛盾の中に身を据え続けた蓮如

惟《おも》うに、『歎異抄』と『改邪鈔』は共に僧伽（教団）を問題にする書ではあっても、『歎異抄』が未だ「一室の行者のなかに、信心ことなることなからんために」という同朋・同侶の共同体の域を出なかったのに対し、『改邪鈔』ではそこに「三代伝持」という血脈を根拠とする正統教団の樹立がはかられていた。したがって同じ異義批判といっても、両書における批判の性格にはおのずと異なりのあることは否めない。

前者においては、「一室の行者のなかに、信心ことなる」という現実から、何よりも先師親鸞と面授口訣《めんじゅくけつ》の縁をえている（『歎異抄』の著者）自らの信心が問いかえされ、それが「信心ことなることなからんために」の悲歎の叫びとなったものだけに、信心そのものに対する批判性が反映されている。それに対し後者にあっては、

彼の邪幢《じやどう》を砕きてその正燈を挑《かか》げんがためにこれを録す。（『改邪鈔』奥書）

〔訳〕親鸞の教えを自分勝手に解釈し、人びとを惑わすことは、きびしくこれをうち破り、親鸞の正統の信心の燈をかかげるために、これを記す。

と言っていることからも、すでに正統教団としての立場から、正統に対する異端の破斥という性格のものであったと言わざるをえない。

だが、前に述べたように、覚如の三代伝持の血脈の主張が親鸞滅後の門流の求心力を求めた行動であったにせよ、そこにおける覚如の教団に対する危機感と、なみなみならぬ歴史的使命感とは、見落すことができない。それと言うのも、たとえば『改邪鈔』の場合、その制作の背景に、存覚《ぞんかく》（一二九〇－一三七三・覚如の長子）の『破邪顕正鈔《はじやけんしようしよう》』に伝えるごとき専修念仏の教団の社会的基盤が崩されていくような異教徒たちからの暴力的謗難という状況のあったことを見逃せない。

とは言っても、やはり一方では、そこに樹立された教団が、その正統的権威に統一され秩序づけられるという性格を避けえなかったことも、また事実であった。

覚如のそうした志願にもとづく本願寺教団の真っただ中に出生し、かつ身を置き、矛盾と向きあっていった人、それがほかならぬ蓮如でなかったか。したがってのしかかる現実の重くきびしい課題の前で、「われ一代において、聖人の一流を諸方に顕さん」との願いから、いかに自らの依って立つ地を模索したことであったか。それが蓮如の長い部屋住み時代を通底する課題であったにちがいない。結果、覚如のとくに『口伝鈔』『改邪鈔』をとおしてひたすら「先師口伝の真信」の共有化を願う『歎異抄』に導かれ、その基本をなす歎異の精神を聞きとったものと思われる。したがってその具体的実践を、覚如の志願を継承した「改邪」の行動に則り、異義の是正として強力に推進したのであった。

『御文』がそうした性格の異義の是正であったことは、勢いそこに権威的な教団的立場の色彩を帯びていたことも否めない。その点行実録からも看《み》てとることができる。

例えば、

蓮如上人山科《やましな》殿にて仰《おおせ》られ候。御身はひとにくしと思召《おぼしめし》たることさらさらこれなく候。（中略）但しこころにくき者が二人あるぞ、と仰られ候。其故は親に不孝なるものと邪義を申ものと、次ふたりはにくう思召候よし仰

られ候云々
（『栄玄記』）

〔訳〕蓮如上人が山科の本願寺で語られた。自分は人を憎いと思うようなことはさらさらない（中略）、だがその自分にも憎いものが二人居ると言われた。それは親に不孝をする者と親鸞聖人の教えを自分勝手にうけとり、人をも惑わす者である。この二人はほんとうに心憎く思うと語られた。

とあり、また同じように親鸞の教えを「申しみだす」者に対して、

御歯をくいしめられて、「さて、切りきざみても、あくかよ、あくかよ」と、仰せられ候うと云々
（『聞書』二四三）

〔訳〕御歯をくいしめられて「まったく切りきざんでもたりない、承知できない」と言われた。

と記されている。こうしたきびしくも、かつ激しい蓮如の態度に接するとき、さきの「彼の邪幢を砕きてその正燈を挑げんがため」との覚如の改邪の姿勢と重なるものを見ないではいられない。

たしかに、「歎異」と「改邪」は矛盾するものをもつだろう。はじめにふれた蓮如に対する評価のきびしさということも、ひとえにこの点にあることにちがいない。平等主義と権威主義の矛盾。事実、すでに指摘した上下段撤廃に示された同朋精神の実践と、

　代々善知識《ぜんじしき》は御開山の御名代にて御座候。蓮如上人大坂殿へ御隠居なされ、実如《じつにょ》上人或時大坂殿へ御下向のとき、（中略）御開山の御来臨と思召候。蓮如様仰られ、（以下略）　（『栄玄記』）

　〔訳〕本願寺の歴代住持は門徒を導く善知識として親鸞聖人の御代理である。蓮如上人が大坂に隠居されたあるとき、実如上人（蓮如の第五男・本願寺第九代）が大坂へ来られたが、それを親鸞聖人の御来臨と蓮如上人は言

われ、

をはじめとし、また主要門徒に一家衆《いっけしゅう》（蓮如の一族）を配置して本願寺の集権的体制化をはかったことなどのうえに具体的である。

矛盾は元来それゆえに相反しあうけれども、蓮如の場合はむしろそれがどこまでも信心中心主義の人格に豊かに保持されたため、かえってその人格的指導力に教団が導かれたというのが実際でなかったか。その意味で蓮如ほど矛盾の中にしっかりと身をすえて、しかもそこでいかに親鸞の真実信心を継承していくかを、ひたすら問い続けた人はいなかったのでないか。そうであればこそ覚如の教団的志願を継承した蓮如が、歎異の精神、御同朋の精神に自らの立脚地を求め、それに回帰していったのでなかったか。そうした姿勢から展開した『御文』の「異義の是正」であるかぎり、単に正統と異端という図式的理解を超えて蓮如の真意を受けとるべきだろう。ここに蓮如の真宗再興の精神と実動は、歎異の精神を経《たて》糸とし、改邪の実動を緯《よこ》糸として織りなされた仏法の事業であった、と表現したい。

蓮如の本願寺観

蓮如の後継、実如（第八子）への譲状《ゆずりじょう》（一四六八・三・二八記、一四九〇・一〇・二八記）には、

大谷本願寺御影堂《ごえいどう》御留守職《るすしき》事

と見えているが、ここには蓮如の門徒観・教団観に連動する本願寺の歴代（住持）観が如実に認められていて余りある。覚如によって京都の大谷の廟堂《びょうどう》が本願寺となり（一三二一）、次いで勅願所《ちょくがんしょ》となって（一三三三）、それまでの廟堂（影堂）留守職が本願寺別当職《べっとう》と転換したものの、それゆえにかえってその原点的性格を見すえ続けた蓮如の譲状であったと思われる。留守職とは関東の門

徒らに代って親鸞の影像に仕え、影堂を管理する職分であり、親鸞の子孫がそれに当るという本願寺歴代の原像を示すものである。その原点回帰の姿勢に生きたところに、蓮如の真宗再興＝真宗創造の大業が象徴されていると言って過言でないだろう。

なお現在、京都に聳《そび》える通称・東本願寺は「本願寺」という寺院（本堂＝阿弥陀堂）でありつつ、同時に「真宗本廟《しんしゅうほんびょう》」を本名とするのは、まったく蓮如の譲状の精神によるものと言えよう。親鸞の影像（木像）を安置する御影堂と、本尊・阿弥陀如来を奉安する本堂との二堂構成にあり、しかも前者は大きく後者は小さい。ひたすら影堂中心を告げるものであって、もし「真宗本廟」が本堂なくして影堂のみであれば、それこそ偶像崇拝ともなりかねない。しかし本堂を背景として影堂があるところに、宗祖としての親鸞を追体験する根本道場として、帰依処の意味をもつ理由である。

第二章　『歎異抄』を背景とする法語書簡

一　生涯を尽す「ふみ」の発信

「名号本尊」の授与は聞法仏教の宣言

蓮如の真宗再興について特筆大書される取り組みは、①本尊の統一、②「講」組織と寄り合い・談合《だんごう》のすすめ、③「ふみ」の発信、④「正信偈《しょうしんげ》・和讃」の開版と日常勤行の制定、が挙げられる。

蓮如が四十三歳で本願寺の住持職を継いで、最初に手がけたものは本尊の統一であった。「本尊」とは自らが生きる依《よ》り処《どころ》とする教えの帰依・礼拝の対象であり、根本尊崇の語義が見られる。「生の依る処、死の帰する処」として、人生の根本に尊崇すべき真実在。蓮如は本尊中心の生活を人びとに強く訴えた。

当時の本願寺は制度的に天台宗三院の一つ、青蓮院《しょうれんいん》の傘下にあり、未だ真宗寺院としての市民権をえていたわけではなかった。そのため、天台宗その他の流派の仏像や加持祈禱の護摩壇《ごまだん》などがあったのを蓮如はすべて取り除き、真宗本来の本尊と取りかえた。その場合、

あまた、御流《ごりゅう》にそむき候う本尊以下、御風呂のたびごとに、やかせられ候う。（『聞書』二二三）

という大胆かつ破天荒な行動をとっている。結果から言えば、当時の本願寺教団にとっては、そうした思いきった荒療治が有効であったにちがいないが、それよりも何よりも、そこに蓮如の真宗再興の志願のなみなみならぬものを汲みとるべきだろう。

蓮如は、親鸞が名号《みょうごう》を本尊とした主旨をうけて、

他流には、「名号よりは絵像、絵像よりは木像」と、云うなり。当流には、「木像よりはえぞう、絵像よりは名号」と、いうなり。（『聞書』七〇）

と、名号を本尊とすべきことを強調した。それまでは、いわゆる臨終来迎《りんじゅうらいこう》（臨終に仏の迎えをうけて浄土に生まれる。その具体的行儀として臨終の枕辺に阿弥陀仏像を安置して、仏の手と行者の手とを糸でつなぐ）に象徴される浄土教のありかたを継承していたのであるが、蓮如は、平生不断に、阿弥陀の本願名号を聞きとなえることで浄土に生まれる身になるのであり、もはや臨終の来迎を必要としないという画期的転換の教えを感得したのである。そこには、どこまでも現在に名号のこころを聞き開く聞法の仏教であることを高らかに宣言する意味があったと言える。

蓮如が継職して間もなく門徒に授けた紺地金泥《こんじきんでい》の十字名号「無碍光《むげこう》本尊」は、比叡山衆徒の大谷本願寺破却の口実にされたことから、以降その授与をとりやめた。そして白紙に墨書した六字（南無阿弥陀仏）、八字（南無不可思議光仏）、九字（南無不可思議光如来）、十字（帰命《きみょう》尽十方無碍光如来《じんじっぽうむげこうにょらい》）等の名号本尊を授けた。その点、覚如の場合は「凡そ真宗の本尊は、尽十方無碍光如来なり」（『改邪鈔《がいじゃしょう》』）と言い、事実、大谷廟堂（本願寺）にこの十字名号を本尊として奉安した。

その後蓮如の北陸吉崎への進出による門徒の急速な増加は名号本尊の授与数も増し、以前のように名号の上下に讃文を記すこともできなくなり、簡素な草書の六字名号を書きあたえることが多くなっていった。ついに一日に二、三百枚もしたためることもあったと言い、蓮如自ら自分ほど多く名号を書いたものは他にいないだろうと述懐しているほどである（『空善記《くうぜんき》』）。このため現存する蓮如筆の名号には草書の六字が圧倒的に多い。

寄り合い・談合による聞法の徹底

蓮如の活動期は主として応仁の乱（一四六七）に始まる戦国時代であったが、

越前吉崎を拠点とする北陸伝道は活動の圧巻として注目される。

当時の社会背景として惣村《そうそん》制が指摘されるが、「惣」は農民の地縁的な共同体であって、畿内《きない》などの先進地帯では、すでに鎌倉末期から荘園制が次第に崩壊し、荘園農民の分解がすすむにつれ、地域農民の手による自衛のための自治組織（郷村ともいう）が現われた。灌漑《かんがい》用水や入会地《いりあいち》の管理など、リーダーには「年寄《としより》」や「長《おとな》」と呼ばれる人たちを選び、寄り合いをし、掟を定め、評定《ひょうじょう》して行動するというものであった。

そうした自治組織、生活共同体の「惣」村の中に蓮如は入り、そこにこれまた信仰共同体としての自治組織「講」を生成していったのであった。それはひたすら、

仏法は、讃嘆《さんだん》・談合にきわまる。（中略）仏法をば、ただ、より合い、より合い、談合申せ　（『聞書』二〇一）

〔訳〕仏法は讃嘆（仏や菩薩のはたらきをほめたたえること、それはこの私が仏

や菩薩の心にめざめて生きること）と話し合いに尽きる。仏法については、ただひたすら寄り集って語りあうようにと。

仏法讃嘆とあらん時は、いかにも、心中をのこさず、あいたがいに、信不信の儀、談合申すべきことなり（同　一九六）

〔訳〕仏法讃嘆の話しあいのときは、何としても心の中を残らず打ち明けて、お互いに信心のありかたを、人に聞いてもらわねばならない。

一句一言を聴聞するとも、ただ、得手に法をきくなり。ただ、よく聞き、心中のとおり、同行にあい談合すべきことなり（同　一三七）

〔訳〕わずか一句・一言の教えの言葉を聴聞しても、ただ自分の考えに合わせて聞くものである。それゆえ虚心に聞き、聞いたままをさらけだし、同朋互いに語りあうべきである。

等と伝える「寄り合い」「談合」による聞法の徹底をはかるものにほかならなかった。ここに蓮如のそうした行動をめぐって、蓮如上人つねづね仰られ候。三人まず法義になしたきものがあると仰られ候。その三人とは坊主と年老《としより》と長《おとな》と此三人さえ在所々々にして仏法にもとづき候わば、余のすえずえの人はみな法義になり仏法繁昌であろうずるよと仰られ候。（『栄玄記』）

年老（村の指導者）と長（一族の頭）は惣村を動かすリーダーであり、いわゆる名主層の中心者であった。事実、北陸をはじめ近畿、東海などの各地で、この蓮如の着想に則って真宗教団の展開がなされた。すなわち村の指導者階層の人たちが門徒となり、信仰と世間の両面にわたってその支配権を掌握し、地域社会をあげて真宗門徒になった村が多く現われたのであった。

弥陀をたのむ一念の信心を促す御文

御文の制作は蓮如の真宗再興の中核をなした。すでに「凡例」にも一言記しているように、「御文」という呼び名は蓮如自らの「ふみといえ」に由来するが、真宗門徒の信心の規範となったことから「御文」と敬称（他に「御文章《ごぶんしょう》」「御勧章《ごかんしょう》」とも呼ぶ）してきている。

御文は蓮如が門徒への教化の手だてとして書いたものであるが、現在真偽未詳を除いて二五二通を数え、うち年紀の記されたものが一八四通、無年紀のものが六十八通、また真蹟が五十六通含まれている（堅田修編『真宗史料集成』第二巻）。これらの御文は蓮如四十七歳の寛正二年（一四六一）三月、門弟の道西《どうさい》にあたえたいわゆる「お筆始めの御文」から、文正・応仁・文明・明応の各時期、近江（滋賀）から吉崎（福井）・出口《でぐち》（大坂）・山科（京都）・大坂と各地に居を移しながら、示寂の前年八十四歳・明応七年（一四九八）十二月十五日付のものまで約四十年間にわたり、蓮如の生涯を尽すほどのスケールないしボリュームとなっている。注目されることは、「お筆始めの御文」から吉崎進出までの十余年の間はわずか数通にすぎなかったものが、吉崎進出以降、際立ってその発信が多くなり、なかでも吉崎滞在の四年有半の間には七八通にも達している。

蓮如の御文の制作は、おそらく親鸞が東国二十年の伝道活動をうち切って帰洛したのち、門弟たちに書状を送り、

このふみをもって、人々にもみ《(見)》せまいらせさせ給うべく候う。

（『末燈鈔』九）

と書面による教えの伝達をはかった事蹟からの感銘が根底となり、さらに身近に父・存如《ぞんにょ》（一三九六―一四五七・本願寺第七代住持）の文書による伝道（聖教を書写して門徒に授与）の影響を受けたものと思われる。室町中期のあの日本文化の暗黒期と言われる世を生きる人びとに、書簡という実に生活に密着した形をもって親鸞の教えを伝えていったことは、今日の宗教集団の文書伝道の先駆をなすものとして高く評価されよう。

ところで蓮如の場合、注目されることは、

この文を所望のあいだ、これをかきおわりぬ、みなみなこの文をみるべし
（帖外御文）

と簡潔な文章で教えを記して門徒に発信し、主としてみなが参集する席（「講」など）において、これを読み聞かせたことであった。

御文の制作で蓮如がもっとも意を注いだのは、親鸞の『教行信証《きょうぎょうしんしょう》』が示す教えについて、「千の物を百に選び、百の物を十に選ばれ、十の物を一に」（『蓮淳記《れんじゅんき》』五）まで精撰し、しかもその配慮は「御文が、てにをはの調《とし》っていない文章であっても、一人たりとも信心に入らしめたいとの心からであり……てにをはの調わないところは自分（蓮如）の至らぬところだ」（『空善記』一一九）とまで言っている。このことは御文が単に言葉遣いの問題でなく、親鸞が明らかにした真実信心をいかに伝えるかの一点に集中したことを示していると言えよう。

明応七年、門弟の空善が山科から当時、大坂御坊《ごぼう》の蓮如のもとをたずねたと

き、蓮如は、

御文を十通ばかり慶聞坊《きようもんぼう》によませられたまいて、一念の信心をしかととりつめ候え、と色々仰候き。（『空善記』一一五）

と言って、御文がまったく真実の依りどころ、阿弥陀を決断する一念の信心を促すほかのないことを告げている。それゆえ子息や門弟たちが「『御文』は、如来の直説《じきせつ》（直接の説法）」（『聞書』一二四）であり、「『御文』は、これ、凡夫《ぼんぶ》往生の鏡なり。『御文』のうえに法門（教え）あるべきように思う人あり。大きなるあやまりなり」（同一七八）と言い切るのも必然であった。

正信偈・和讃による日常勤行の制定

御文の制作と共に特筆すべきことは、吉崎滞留中における「正信偈・和讃」

による日常勤行の制定であった。親鸞の和讃が早くから諷誦《ふじゅ》されたことは存覚の『破邪顕正鈔《はじゃけんしょうしょう》』（巻中）からも知ることができるが、実悟《じつご》（蓮如の十男）の記録（『本願寺作法之次第』）によれば、存如《ぞんにょ》（本願寺第七代・蓮如の父）の時代までは『六時礼讃《ろくじらいさん》』（中国の善導《ぜんどう》の作）を用いていたが、蓮如はそれをやめて念仏に添えて六首の和讃（六首は六時礼讃になぞらえる）を誦することになったと言う。

そして文明五年（一四七三）三月に、真宗興隆のため「三帖和讃」と「正信偈」四帖を一セットとして開板し（刊記による）、その普及をはかった。この開板印刷は真宗教団における聖教開板の最初であり、聖教の公開という観点からとくに注目される。

「正信偈」は親鸞による漢文の歌で、その名のごとく「正信念仏」という浄土真宗のエキスをあらわしたものであり、「和讃」は和文の歌によって正信念仏の世界を讃嘆したものである。ことに和讃は平安時代から行なわれた謡物《うたいもの》の一種である法門歌《ほうもんか》の形式で、多くは七五調で四句を一首としている。蓮如の著述と言えば、長禄四年（一四六〇）門弟の道西《どうさい》の願いによって著した「正信偈大意』が唯一のものである。しかしそのことによりかえって蓮如が部屋住みの時代から親鸞の浄土真宗のこころを正信偈のうえに深思していたことが察せられる。

惟《おも》えば「正信念仏」を讃える『正信偈』は親鸞の仏教史観をあらわすものと言える。仏教史観とは仏教の歴史を見る眼《まなこ》であって、親鸞の「浄土真宗」はその目玉そのものにほかならなかった。したがってそれは仏教の歴史を本願の歴史（弥陀→釈迦→七高僧）として統一讃仰するものであり、それはほかならぬ親鸞自身の求道の旅路を、丸ごと本願の展開史（教化史）として感佩《かんぱい》した感動詩であることを告げている。その意味で正信偈は蓮如にとっても、そのまま自身の仏教史観として、自らの人生の意義をそこに聞きとったものにちがいない。

こうして蓮如は正信偈・念仏・和讃（それに御文を読む）を、朝夕「本尊」の前で諷誦することを真宗門徒の日課として定めたのであった。これを真宗では「おつとめ」と言いならわしている。

蓮如の次の言葉に、その心得を聞こう。

正信偈・和讃をおつとめして、その功徳を仏や親鸞聖人に差し向けようと思っているのか、歎かわしいことである。他宗ではおつとめをしてその功徳を仏にふり向けるということもあるが、わが親鸞聖人の流れには、そのようなことはない。他力の信心をよくよく心得るようにとの心から、親鸞聖人の和讃にそのこころをあらわされたのである。（中略）そのご恩のほどを深く知って、ああ尊いことよと念仏するのは、仏恩の尊いことを親鸞聖人のご影前でよろこばせていただく報謝の営みである。（『聞書』一〇・訳）

ここに至ってあらためて言えば、蓮如の真宗再興の取り組みは具体的に真宗門徒の自覚（信心）と行儀（日課）を鮮明にうちだしたことであった。それ以来、本尊の安置と礼拝・おつとめを基本とし、親鸞の命日を期して親鸞の教えの恩徳の共有、共生を確かめる「報恩講」を中心とした生活スタイルが、真宗の「宗風」として形成されてきたのであった。その意味で真宗の宗風といわれるものは、蓮如の真宗再興によることと言える。

二　『御文』の思想的系譜

「あなかしこ」で結ぶ法語書簡

「ふみ」と言えばもちろん「書面にきちんとした文章で書き記した物の意」(『古語辞典』旺文社)であるから、書状・書簡・手紙をイメージする。したがってそれは一般的に私的な性格が強いことから、宛名・宛所が明記され、発信人・受信人双方の現況にふれ、目的の用件に及ぶ、それが普通である。その点、御文は宛名・宛所が記されず、差出人・受取人双方の身辺・近況などにもふれられず、もっぱら浄土真宗の教えの精要を記すものとなっている。こうしたことは、御文が、「ふみ」と言っても単なる私的な書簡でなく、教えを伝達する普遍的な法語文書であったことを意味する。

そこで注目されるのが「あなかしこ」の語である。「ふみ」のほとんどは書き止めが「あなかしこ〳〵」で終っている。これは「手紙の終りに用いて敬意を表す語で謹んで申し上げます」(同前) の意と言われる。だが、その語意にふみ込むと、「あな」は感動詞「ああ。あら」(同前) の意で、「かしこ」は形容詞「かしこし」の語幹、「ああ、恐れ多いことだ。ああ、もったいないことだ」(同前) と解される。御文の場合、もはや「あなかしこ」は単に相手 (宛名人) に対して敬意を表する書き止め語というよりも――その意味ももちろんあろうが――、それを超えて実は「ふみ」の内容、つまり「如来の直説」として聞く教えそのものに対する感動詞になっていると言えるのではないか。

その点、門弟に御文を読ませて、自分の書いたものであるが、何と尊く有難いことかと感嘆した (『聞書』一二五) 蓮如の述懐が思われる。門徒に向けて発信した「ふみ」を、門徒と共に聞いている蓮如、否、蓮如への如来の便りと感受している蓮如がそこにいたのでなかったか。「あなかしこ」の一語の重さが思われる。

このように御文は「ふみ」であっても一般的ないわゆる書簡でなく、親鸞の教えの精髄を訴える法語書簡――法語消息・法語文書――であったと考えられる。御文の真骨頂に直参する手がかりとして、その思想的系譜を顧みることがもとめられるだろう。

歎異抄と御文

御文と『歎異抄』とのかかわりに着目し、その考証を喚起したものは近世末の妙音院了祥《みようおんいんりようしよう》著『歎異抄聞記』であった。了祥によれば『歎異抄』の思想的系譜について、その背景に親鸞と同門の聖覚《せいかく》（一一六七―一二三五）の著『唯信鈔《ゆいしんしよう》』（法然の『選択集《せんじやくしゆう》』の真意を、和文によって平易に広く人びとに伝えようとした仮名法語）を挙げ、さらにその後景として『選択集』（日本における「浄土の一宗」の独立宣言書といわれる思想書）を指摘し、一方その前景に御文を見据えてその関係を思念する趣旨である。

この着想は御文を『選択集』『唯信鈔』『歎異抄』という、いわば日本浄土教の背骨をなす教系に連なるものとみる識見であり、御文が「浄土三部経《さんぶきょう》」の中の『観無量寿経』系の聖典として、また具体的にはその系譜に立つ法然の教化の様式、二者択一の決断（教学的に「廃立《はいりゅう》」という）をその特色・カラーとすることを示唆するものである。

こうした了祥の着眼は、御文の内容を細かく検討するときに啓発されることが多く、これまで御文の読解にほとんど顧みられることのなかった『歎異抄』との関係を、御文の本義を読み解くうえで重要な文献として提起したことは、ことのほか感銘深い。御文にはたしかに『歎異抄』の血が通っていることを見逃せない。

『歎異抄』と御文のかかわりでもっとも注目されるのは、御文における信心の表現様式である。そこではその中心をなす「弥陀をたのむ」という「たのむ」の語が、『歎異抄』の随処に見る信心の中核語であり、しかもそれが一貫して「自力のこころをひるがえし」（第三条）「ただ自力をすてて」（第五条）という意味構造にあることが、「自力のこころをすてて一心に弥陀をたのめ」と勧める御文の表現の依り処として重なる。しかも、そうした『歎異抄』の表現は、本文中に出るただ一つの書名、『唯信鈔』にもとづいていることを見いだすことができ、その信心の内実を『選択集』（三心章）にみる善導大師の「二種深信《にしゅじんしん》」のこころで明らかにしていることが、とくに注目される。

法然は『選択集』に末法の世における唯一の仏道を阿弥陀如来の「選択本願の念仏」に確信し、その念仏は「必ず三心を具足す」と言って、選択本願の願心に乗託した信心を内実とすると説くのであった。それを伝承したのが『唯信鈔』であったから、必然的に両書は信心を語るのに『観経《かんぎょう》』がよびかける信心（三心《さんじん》＝至誠心《しじょうしん》・深心《じんしん》・回向発願心《えこうほつがんしん》）に拠り、しかもそれを体験的に解明した善導の「二種深信」の意味をもって述べるのであった。そしてその『唯信鈔』を背景とした『歎異抄』が、また「先師口伝の真信」を「二種深信」に聞きとっていることは極めて注目的であり、肝胆相照らす法然・親鸞の確かな信心の水路を感ずる。その点、『歎異抄』後序の次の一節に極まっている。

聖人のつねのおおせには、「弥陀の五劫思惟《ごこうしゆい》の願をよくよく案ずれば、ひとえに親鸞一人《いちにん》がためなりけり。されば、そくばくの業をもちける身にてありけるを、たすけんとおぼしめしたちける本願のかたじけなさよ」と御《ご》述懐《しゅつかい》そうらいしことを、いままた案ずるに、善導の、「自身はこれ現に罪悪生死の凡夫、曠劫《こうごう》よりこのかた、つねにしずみ、つねに流転して、出離の縁あることなき身としれ」（散善義《さんぜんぎ》）という金言に、すこしもたがわせおわしまさず。されば、かたじけなく、わが御身にひきかけて、われらが、身の罪悪のふかきほどをもしらず、如来の御恩のたかきことをもしらずしてまよえるを、おもいしらせんがためにてそうらいけり。

自力の心の無効さを信知する

では、善導による「二種深信」の開明とは何かをたずねよう。まず、何はともあれその本文を一読しよう。

「深心」と言うは、すなわちこれ深信の心なり。また二種あり。一つには決定《けつじょう》して深く、「自身は現にこれ罪悪生死の凡夫、曠劫《こうごう》より已来《このかた》、常に没《もっ》し常に流転《るてん》して、出離の縁あることなし」と信ず。二つには決定して深く、「かの阿弥陀仏の四十八願は衆生を摂受《しょうじゅ》して、疑いなく慮《おもんぱか》りなくかの願力に乗じて、定んで往生を得」と信ず。（『教行信証』「信巻」所引）

〔訳〕「深心」というのは、すなわち深く信ずる心である。それに二種がある。一つには、「自身は現に罪悪を重ね生死に迷うている凡夫であり、はかりしれない昔から今日まで、迷い苦しみの海に常に没し常に流されて、苦海を出る手がかりがない」と、決定して深く信ずる。二つには、「かの阿弥陀仏の四十八願は衆生を摂《おさ》めとって救いたもう。だから疑いなく躊躇《ちゅうちょ》することなく、かの本願力に乗託《じょうたく》して、必ず浄土に生まれることができる」と、決定して深く信ずる。

この告白は、すでに「世尊よ、私は一心に阿弥陀如来に帰命《きみょう》し、その浄土に生まれたいと願うものである」と表白した天親《てんじん》（およそ三二〇-四〇〇・インド。真宗伝統の第二祖。新訳は世親《せしん》）の「一心」を背景に、その伝統精神を善導自身の信心として確かめたものであったと言える。

阿弥陀仏が信ぜられた（法の深信）ということは、阿弥陀仏を対象化してそれを信じたということではなく、具体的にはどこまでも自己自身が信ぜられた（機の深信）こと、すなわち「自力の心」（自我の分別心）を自己とする生きかたが無効であると信知されたことだと言う。その意味で「一心」（『観経』からは「深心」）という信心は、人間心による「信ずる」とか「疑う」といった信ではなく、逆にそうした人間心（自力心）を知見せしめる仏智であり、仏心を質とする信心を言う。したがって、

善導の二種深信建立の御意趣は（中略）法の深信から機の深信を開いて、その機の深信の中に法の深信を摂めた。二種深信と言っても二つ並べるものではなく、もとは法より機を開き、機の中に法を摂めた。（中略）二種

深信の開顕に於ては機の深信が眼目であるということを、我々は明かにしておく必要がある。
（『曾我量深選集』六巻）

との指摘に尽されるのであり、機の深信のみを引く既出の『歎異抄』後序の一節のこころもまたここにうなずける。

現代と歎異抄

近年「現代と歎異抄」という課題の前に立たされることが多い。それは『歎異抄』が現代に訴えているものは何かという問いかけであると同時に、また現代のわたしたちが『歎異抄』に何を聞かねばならないかという課題でもある。惟えば、現代の理性至上の人間中心主義のありかたが、実に傲慢を極めていることは、至るところに露呈している危機的状況の雄弁に語るところでないだろうか。

例えば、現今の生命科学の発達にはすさまじいものがある。だが、それによって「生命」とは何かが解き明かされただろうか。否、遺伝子が解明されてもそれは物理的化学的生命現象のメカニズムの謎解きであって、生命の本質に関する疑問は、むしろ増幅していると言えよう。現にバイオテクノロジー（生物工学）の進展が、多くの疑問と不安をいだかせている。それは、生命とは何かという人間の本質的な問いと向きあうことへの促しと言えないだろうか。いのちの物質化は生きる意味を喪失させ、そこに孤独・不満・不安、さらには自死に至る人間崩壊の外縁を増大させているように思われる。

人間にとって生命の本質を問うことは、思想的・宗教的な問いであるにもかかわらず、その宗教性を喪失した現代人は、身近な例でいえば「子どもをつくる、つくらぬ」といった言葉にも露わである。あの遺伝子とこの遺伝子を使って、より質のよい子どもをつくろうなどという声も聞こえる。宗教を欠落した科学主義は実におぞましい。本来は科学が発達した分、より正しく、より深く宗教性を身につけねばならないからだ。

レバノンの詩人の言葉だという次の一節に、とてもうたれた。

あなたの子どもは／あなたの子どもではない／待ちこがれた／いのちの息子であり／娘である／あなたを経てきたが／あなたからきたのではない／あなたと共にいるが／あなたに属してはいない

現代人に問われている真の謙虚さとは、この詩文に象徴的でなかろうか。この真理に対する真の謙虚さこそ、現代人、ひいては、人間の根本課題としての宗教性ではないか。『歎異抄』が一貫して訴えている「機の深信」とは、まさにこの自覚を指しているのだ。『歎異抄』は人間の傲慢さ、すなわち真理に対する背信の罪の深さ・重さ、それは遂に人間を破滅させる罪であることを、ごまかしなく照らし知らしめる南無阿弥陀仏に賜る懺悔《さんげ》を促しているのだ。したがってその懺悔は懺悔せしめる光を、この世の灯明として讃嘆してゆく歩みとなるのであった。

お筆始めのふみと歎異抄

そのような『歎異抄』の思想に連なる御文であることは、これまた前上の「機法二種の深信」をもって信心を述べあらわすところに明らかに看て取ることができる。御文はつねにその信心を、

ただもろもろの雑行雑修《ぞうぎょうざつしゅ》自力なんどいうわろき心をふりすてて、一心にふかく弥陀に帰するこころのうたがいなきを、真実信心とはもうすなり。

（『五帖御文』五の一五）

と選び、（廃立）の様式をもって強く勧め、同時にその選びの内実を、

ただわが身は極悪深重《ごくあくじんじゅう》のあさましきものなれば、地獄ならではおもむくべきかたもなき身（機の深信）なるを、かたじけなくも弥陀如来ひとり、た

すけんという誓願をおこしたまえりと、ふかく信じて（法の深信）、一念帰命の信心をおこせば、（以下略）（同　二の九）

と開示しているからである。

ひるがえって惟うに、蓮如の「ふみ」の最初のものは、寛正二年（一四六一）三月の年紀をもつ、いわゆる「お筆始めの御文」であった。

当流御勧化の信心の一途は、つみの軽重をいわず、また妄念妄執のこころのやまぬなんどいう機のあつかいをさしおきて、ただ在家止住のやからは、一向にもろもろの雑行雑修のわろき執心をすてて、弥陀如来の悲願に帰し、一心にうたがいなくたのむこころの一念おこるとき、すみやかに弥陀如来光明をはなちて、そのひとを摂取したまうなり。これすなわち、仏のかたよりたすけましますこころなり。またこれ信心を如来よりあたえたまうというもこのこころなり。（以下略）

ここには「弥陀をたのむ」一心の選びが、明らかに二種深信のこころにおいて述べられており、その点、

　弥陀の誓願不思議にたすけられまいらせて、往生をばとぐるなりと信じて念仏もうさんとおもいたつこころのおこるとき、すなわち摂《せっ》取《しゅ》不《ふ》捨《しゃ》の利益にあずけしめたまうなり。弥陀の本願には老少善悪のひとをえらばれず。ただ信心を要とすとしるべし。そのゆえは、罪《ざい》悪《あく》深《じん》重《じゅう》煩《ぼん》悩《のう》熾《し》盛《じょう》の衆生をたすけんがための願にてまします。しかれば本願を信ぜんには、他の善も要にあらず、念仏にまさるべき善なきゆえに。悪をもおそるべからず、弥陀の本願をさまたぐるほどの悪なきがゆえにと云々

とある『歎異抄』第一条の趣旨にまったく相応ずるものを看て取ることができる。「つみの軽重をいわず」は「悪をもおそるべからず」に、「在家止住のやからは」は「罪悪深重煩悩熾盛の衆生」に、「雑行雑修のわろき執心をすてて」

は「他の善も要にあらず」に対応する。とすれば、蓮如は御文の処女作を『歎異抄』第一条を下敷にして書いたことが思われるだけに、それ以降の数多くの御文に通底する『歎異抄』が、あらためて強く感ぜられて余りある。

ここに至って御文と『歎異抄』とのかかわりが、単に言語表現の問題にとどまらず、内面的な思想的連関性に及んでいることに深く留意したい。言及したように、御文が『歎異抄』をとおして『唯信鈔』や『選択集』との思想的つながりをもつことは、それがひとえに「ただ念仏して」（『歎異抄』第二条）の専修の道、それゆえに「信ずるほかに別の子細なき」唯信の道として、「偏えに善導一師に依る」とする法然の思想的系譜にあることは明らかだろう。それゆえに御文は乱世に生きる人びとの宗教的要求に呼応して、真実の帰依処を二者択一（廃立）という簡明さにおいて説ききっているのであった。

三　「仏法がわかる」とは――「念仏には無義をもって義とす」

誰もが突きあたる壁

「先師口伝の真信に異なることを歎く」『歎異抄』が歎異抄たる理由は、後半の「異義批判」（歎異篇）にあろう。だが、前半の「口伝の法語」（師訓篇）は編者にとっておそらくその批判の根拠・規範として記したものと考えられる。それだけに、その位置はとくに重い。『歎異抄』と言えば前半の師訓十条こそが読まれ、人類の魂の書として『歎異抄』の魅力そのものとなっていることからも明らかと言えよう。

　前半の「親鸞のおおせ」を貫くものは、「ただ念仏して」という専修の道であり、それゆえに「信ずるほかに別の子細なき」唯信の道として、正信念仏の一道に集約される。したがってその総結と言える第十条の、

念仏には無義をもって義とす。不可称不可説不可思議《ふかしょうふかせつふかしぎ》のゆえに

の教語は、ことのほか留意すべきに思う。誰しも通る道ゆきとして、仏法はむつかしい、わからない、もっとやさしくわかりやすく……の発言が後を絶たない。もちろんこの問題は多角的に掘り起こさねばならないが、その核心の一点として、仏法がわかるということの本質を見極める必要がある。それには、この教語に聞くべきように思うからだ。

従来、御文の教えは平易である、教団における教化伝道はすべからく御文のごとくあれ、と言われてきた。それというのも御文は、あの室町戦乱の世にあって混迷と彷徨の中に生き惑う人びとに、「ふみ」という生活に密着したかたちをもって念仏の燈《ひ》をともしていった法語であったから、煩瑣《はんさ》な理論も高遠な思想もいらず、ただ直截簡明に人生の拠りどころと方向を示せば足るのであった。そこに御文がつねに平易であると評価されてきた事由があろう。だが、ここで一点忘れてならぬことは、仮りに御文が平易だとしても、決して安

易ではないということだ。

いま仮りにと言ったが、門徒に殊のほか親しまれてきた「ふみ」の一通に例をとれば、冒頭に「末代《まつだい》無智《むち》」と切り出している（五の二）。これが果たして平易だろうか。末代とは、無智とは、と問えば何と難解なことか。またそこには、続いて「さらに余のかたへこころをふらず、一心一向に、仏たすけたまえともうさん衆生をば」と、信心を語っているが、平易な語り口に見えてその意味するところを自問すれば、はたと考えこまされてしまう。普通にこれを読めば、心を集中して自らの思いをまじえない精神統一か、無我夢中の心境かと言いたくなってしまいそうだ。もしそうであるなら、信ずることと、思い込むこととの区別もつかなくなってしまう。

これは一例に過ぎないが、それに加えて現代の感覚からは距離感のある歴史的な言葉遣いとなれば、平易どころではない。漢文の仏典に比して生活語の聖典としてその平易さが尊重されてきた「ふみ」だが、そのことは、かえって、こちらの読む姿勢、聞く姿勢がつねに問いかえされるきびしさを内包していることだと言える。それが欠落したありかたこそ安易さにちがいない。「平易」と言えばもちろん対極は「難解」だが、平易と言っても難解と言っても、それを問題にする立場を明確にしなければ空廻りに終らないか。そうであるとするならば、それは何か。

もとより教えは教えられた人がいることによって証明される。つまり教えに生きる人が生まれることでなければならない。もし人を生まなければ、平易であろうと難解であろうと、結局は安易なのではないだろうか。その意味で平易とか難解とかの論議は、教えに生きる人を生むか否かの一点で問われねばならないのではなかろうか。

だいたい表現が平易だと言う場合、概して表現が平面的であることを意味しているようだ。御文が平易だということも、やはり表現が平面的であるからではないか。平面的であることは、われわれの分別の物差しにはわかりやすい。自我の分別意識は万事を対象化し、実体化する質だから、その分《ぶん》わかりやすい。だが、そのようなわかりかたは真に教えがわかったこととはならないだろ

う。御文の際立った一例を挙げれば、

当流の安心《あんじん》のおもむきをくわしくしらんとおもわんひとは、あながちに智《ち》慧《え》才学《さいかく》もいらず、ただわが身はつみふかき、あさましきものなりとおもいとりて、かかる機までもたすけたまえるほとけは、阿弥陀如来ばかりなりとしりて、なにのようもなく、ひとすじにこの阿弥陀ほとけの御袖にひしとすがりまいらするおもいをなして、後生をたすけたまえとたのみもうせば、この阿弥陀如来はふかくよろこびましまして、その御身より八万四千のおおきなる光明をはなちて、その光明のなかにそのひとをおさめいれておきたまうべし。（『五帖御文』五の一二・傍点筆者）

と、実に平面的かつ感覚的な表わしかたになっている。これがわかりやすいということなら、わかるとはどういうことなのだろうか。救いの物語を聞いてそのように思いこむことか。その点からもこの場合これを読むこちらの姿勢、感覚こそが問われることは、もはや繰りかえすまでもないだろう。そうでなければ、それはもはや仏法でなくて私法と言うほかはない。

非合理なるがゆえにわれ信ず

あらためて「念仏には無義をもって義とす」にたちかえろう。ここには仏法がわかるということが、どういう質の事柄かが如実に提起されているからだ。それと言うのも、御文が「雑行をすてて一心に弥陀をたのめ」と二者択一の選びの仕様をもって入信の一念を簡明に語ることは、法然の教えの系譜に連なり、「ただひとたびの回心」に貫かれた『歎異抄』を背景とする勧めだからだ。その意味で「無義をもって義とす」の一語は、御文が語る入信の体験がいかなる質の事柄かを端的に示すものとして、とくに注意すべきに思う。

前に言った平易とか難しいとかの問題も、このわかる質が問われなければ、「平易だから、よくわかった」も、「難しいから、わからない」も五十歩百歩である。どちらも人間の立場として同質だから。この点は、合理至上の現代人の発想にとって、もっとも問い返されねばならない一点にちがいない。

近代の科学的実証主義の洗礼を受けた現代人は、この目でみることができるもの、この耳で聞くことのできるもの、この手で触れることができるもの、のみが実在であり、そうでないものは存在しないし、また価値もないとする。「合理」は人間が理性的存在であるかぎり、尊重されねばならない基本だろう。事実、合理を否定または無視した「不合理」にはついてゆけない。かと言って、逆に合理至上の人間中心主義の発想から、それ以上の問題が生じている現代である。それは豊かさ、便利さ、快適さとは裏腹に、自然破壊、環境破壊はもちろん、いまや「殺」「偽」に集約される人間破壊の現実が、それを雄弁に物語っていないか。

日ごろ「不合理なるがゆえに、われ信ず」という言葉が、よく引きあいに出される。これは二世紀末に北アフリカのカルタゴに出たテルトゥリアヌス（Tertullianus）というキリスト教の神父の言葉だと伝えられる。であれば、この言葉の背景には聖書と自然科学の問題が思われる。聖書には自然科学で説明できないところがある。それをどう理解したらよいかという、いわゆる信仰と科学の問題である。

ところが、このテルトゥリアヌスの言葉から、よく「仏教は不合理な教えでなくて、合理的な教えだ」という意見を聞く。だが、果たしてそう言えるのだろうか、大いに問題ありだ。と言うのは、仏教が合理的な教えであるということは一面間違いではないとしても、それだけでは問題が尽されないからだ。仏教は合理的だと考える場合、仏教は人間の理性でわかるもの、受け入れられるものという思い込みがはたらいていないか。もしそうだとすれば、人間は万事理性で尽される存在だと思っているのではないだろうか。人間は理性と共に感情、さらに霊性（鈴木大拙《だいせつ》）をもつ存在である。

自分の考えでわかるものだけが存在し意味があると考え、自分に思いはかられないものは存在しないし、意味もないとする現代人の姿勢は、それによって結果、信仰に無縁であり続けているのではないだろうか。しかもこうした理性至上のありかたは、仏と言っても、浄土と言っても、〝こういうものだろう〟と人間的に翻訳してもてあそぶ。教養主義の軽信と言われるありかただ。

そうした人間中心主義の発想、傲慢さを問い返すとき、「不合理なるがゆえに、われ信ず」という言葉が、逆に極めて謙虚な宗教的姿勢を語るものと感じられてならない。その意味で、この「不合理」は親鸞の教えに照らせば、むしろ「自力のはからい」を超えた非合理の意味で用いられたものと言わずにいられない（『教行信証』「信巻」大信海釈参照）。したがってその超えるという内実は、人間の理性的思考の両極――合理無視と合理至上、理性無視の妄信と理性至上の軽信――を、共に非とする意味で、立場そのものの転換として理性の外に立つこと、つまり仏智に立つことにほかならない。したがってそれはただ、すでに人知を出離し人知を知見する仏智を聞くことにおいてのみ可能な出来ごとである。真理に対する謙虚さこそ、真の信仰のいのちだから。

分別以前の事実に立つ

「念仏には無義をもって義とす」の法語、「義なきを義とす」の言葉は主として親鸞の消息集（書簡集）に見え、しかも「大師聖人《だいししようにん》の仰せに候いき」（善性本《ぜんしようぼん》二）とあって、師・法然からの教語として深く憶念されていたものと思われる。

親鸞の消息集と言えば、親鸞の信仰がそれを受け入れた人びとにどのような反響をひきおこし、またそれが親鸞の思索行動のうえにどのような影響をおよぼしたか、つまり親鸞の宗教（浄土真宗）の成立を歴史的社会的にたずねようとするとき、消息集のもつ意義の重さが思われる。そうした消息集のうえにひときわ注目される教語として、この「義なきを義とす」があることは当時、京にも関東にも念仏に対する独断や偏見がはびこり、念仏の真実義を覆う悲しい状況があったからだ。たとえば、念仏についてその数の多少（一念・多念）や、信心についての心のありよう（有念・無念）、さらには自力・他力や、善悪について等、種々の問題にわれもひとも惑うというありさまであった。そうした混迷の中にあって、一点の曇りもない念仏の批判精神に生きた親鸞の端的な教えが、この「義なきを義とする念仏」であった。

「念仏には無義」というときの「義」については、

義と申すことは、行者のおのおののはからう事を義とは申すなり。（善性本二）

と言って、人間のはからい・分別の心のことと解している。後の「義とす」の「義」については何ら解釈を加えていないが、字義的には念仏に対して、「自力のはからいの無いのを本義とする」（多屋頼俊《たやらいしゅん》『歎異抄新註』）とも読まれる。ならば、ここで留意すべきは、「無義」が単にはからいが無いという意味にとどまらないことだ。むしろこの教語の背景に動く親鸞のこころからは、積極的な「はからいをすてよ」という促《うなが》しこそを聞きとるべきだろう。そこにむしろ

「無義」は実践的に回心の事実を指し、それゆえにその回心の事実に仰がれる大いなる如来のはからいこそ「義とす」の「義」と受けとることができる。
では、ここでさらに「無義」、「はからいをすてる」、そのことにいま一歩踏み込みたい。

およそ人間が「言葉」をもつ存在であることは、経験も分別もすべて言葉によってなされていることを意味する。それは経験すると言っても言葉によって経験するのであり、知ると言っても、考えると言っても、みな言葉によって知るのであり、考えるのである。その意味で人間の「分別」「はからい」とは「言葉」だと言える。ならば、はからいをすてるとは必然的に、言葉を超えることでなければならない。「超える」と言えば、とかく哲学的あるいは形而上学的なこととして観念的にとらえがちであるが、果たしてそうだろうか。言葉を超えるとは、逆に言葉以前の「事実」に立つことではないか。人間は分別以後で生きているけれども、現前の生は分別以前に根ざした生である。

具体的な例を示そう。「火」の熱さをいかに精緻に化学方程式を駆使して説き明かしても、熱くもなければ火傷もしない。分別以後だから。分別以前にふれるとは「火」の事実にふれること、「アチチ」よりない。先人は「思いに死んで、事実に生きよ」と喝破《かっぱ》する。したがってはからいを超える、言葉を超えるとは、高遠な哲理でも高邁《こうまい》な理念でもない。もっとも身近な、現前の事実に回帰することなのだ。その意味ではからいを離れるとは、言葉を聞いて・言葉を離れた・言葉の指し示す事実にふれることにほかならない。すでに聖典にはいみじくも、

人、指をもって月を指《おし》う、もって我を示教す、指を看視《かんし》して月を視《み》ざるがごとし。人、語りて言わん、「我《われ》指をもって月を指《おし》う、汝《なんじ》をしてこれを知らしむ、汝何ぞ指を看《み》て月を視ざるや」と。

（『教行信証』「化身土巻」）

と、言いあてていることであった。

そうした言葉以前の「事実」に回帰した驚きを、「不可称不可説不可思議の

ゆえに」と言う。日常生活の場で不思議と言えば、事態がよくわからない場合、またそれに対して不審をいだく場合である。ならば、仏教では前者は無明であり、後者は疑惑である。しかし、いま不思議とか不可思議とかは、無明の意味でもなければ疑惑の意味でもない。はからいを離れた、つまりはからいとは異質な「事実」にふれた驚き・感動にほかならない。その意味で「念仏」の救いは、これから何かに成るという分別の次元の沙汰でなく、かえって成っている事実に立つ一事だ。

ここに至って想起するのは、夏目漱石の「則天去私《そくてんきょし》」の言葉である。彼は晩年の四十四歳のとき、胃潰瘍のため吐血して危篤状態におちいる体験をし、この大患が漱石の人と文学に一転機をもたらしたと言われる。それを象徴するかのように、その後この一語が用いられ、よく知られるところとなった。「小さな私を去って、自然にゆだねて生きる」こと。

ここでわたくしは、胡寅《こいん》（中国・南宋の儒学者）の『読史管見《とくしかんけん》』にいう「人事を尽して天命を待つ」を、「天命に安んじて人事を尽す」と逆転した清沢満之《きよざわまんし》の告白を惟う。同じ「天命」の語でも前者の天命は運命だが、後者の天命は使命である。天命と人事が二つであるかぎり「則天去私」（天に則り、私を去る）は成り立たない。そこには「私」が残るからだ。天命と人事の一体感、人事も天命の作用であったと気づくことこそ、「尽す」ことのできる力となる。その意味で「則天」こそは「去私」の関門と言わねばならない。

第三章　血路をひらく『御文』

一　「二河白道のたとえ」と『御文』

御文の下敷に二河譬

前の章で親鸞の真実信心のこころを善導大師の二種深信《にしゆじんしん》の教えによって述べる御文であることを、その思想的系譜から一瞥した。その視座からここであらためて注目したいのは、善導大師の「二河白道《にがびやくどう》のたとえ」（以下「二河譬《にがひ》」とよぶ）である。

ということは、

『歎異抄《たんにしよう》』は申すまでもなく、「先師口伝の真信に異なることを歎《なげ》き」とある。その「先師口伝の真信」とは、この『抄』いたるところにあるところの善導《ぜんどう》大師いらい伝承の二種深信であります。この二種深信こそ、定散二心をひるがえし貪瞋《とんじん》二河の譬喩《ひゆ》を説いて弘願の信心をあきらかにするのが、この善導大師の自覚道の体であるといただいているしだいであります。

（曾我量深『歎異抄聴記』東本願寺出版）

という曾《そ》我《が》量深《りょうじん》の指摘からもわかるように、それが二種深信をもって明かす信体験を如実に、かつ具体的に語るものだからだ。

「二河譬」は、『観無量寿経』が説く浄土に生まれる道に立つ（至誠心《しじょうしん》・深心《じんしん》・回向発願心《えこうほつがんしん》の三心《さんじん》を発《お》こす）課題を、善導自身の信仰告白の意味をもって説くものである。したがってそれは古くから浄土の教えにおける入信の課題に応えるものとして重視され、先人たちによって等しく説き続けられてきた。それだけに早くから「二河譬」は絵図化され、「来迎図と共に、日本において作成された日本独自の仏教芸術」を成していると言われているほどである。しかもこの二河白道の絵図は真宗教団の教化伝道史のうえからも、とりわけ明治以降一般に流布され広く人びとの眼にふれることとなり、仏法聴聞の手引きとして親しみ深い絵図となってきた。

ところで「二河譬」の概要は、およそ次のようである。

一人の旅人が西に向かって歩んでいる。すると忽然として眼の前に二つの河が現われる。南に火が燃えさかり、北に水が渦を巻くという恐ろしい大河である。対岸へは一本の細い道（白道）が架かっているだけである。旅人は逡巡《しゅんじゅん》したあげく、その白道を渡ることを決意する。その瞬間に、旅人は東岸から「仁者《きみ》ただ決定してこの道を尋ねて行け、必ず死の難なけん」。そして西岸から「汝《なんじ》一心に正念にして直ちに来れ、我よく汝を護らん」という喚《よ》び声を聞く。この二つの声に励まされて旅人は対岸までたどり着く――というものである。

フランスの詩人・ボードレール（一八二一－一八六七）の「人生は旅である」の言葉を想起するが、この譬喩はまったく人生を求道の旅として描き、ついに自己に出遇うというストーリーだけに、宗教的決断を語るにふさわしい物語である。わたくしは、あの戦国乱世にあって生き惑う多くの人びとのうえに、親鸞の真宗（真実信心）を創造再興した御文の下敷に、この二河白道の譬喩のころを重ねずにいられない。それは御文が述べる入信の勧めのうえに、譬喩さながらの背景を強く感ずるからである。

二河譬の構成と御文の要点

いま、譬喩をしばらく次のように四節に読むことによって、そのあらわすところを聞きとり、御文の真意に直参する道ゆきとしたい。以下、訳文で記す。

また浄土に生まれようと願うすべての人たちに申しあげる。今そうした浄土への道を歩む人のために、一つの譬喩を説いて信心を守護し、もって外道の邪見や異見に惑わされる難を防ごう。それは何か。

㈠　たとえば、一人の旅人が西に向かって歩んで行こうと思い立つ。だが、それは百千里の遠い道のりである。ふと気がつくと眼の前に二つの河が現われている。一つは火の河が南側にあり、二つには水の河が北側にある。二つの河はそれぞれに広さ百歩、深くして底が知れず、南側にも北側にも涯《はて》しがない。するとその水火二河の中間に、一筋の白道があり、幅は四、五寸ほどである。この道は東の岸から西の岸に至っていて、その長さは同じく百歩。そこへ水の河の波浪が打ち寄せて道を覆い、火の河の火焔が燃えあがって道を焼く。波浪は湿《うるお》し、火焔は焼いてとどまるときがない。

㈡　この旅人は果てしない荒野を一人歩いてきたが、誰一人出会わない。だが、そこには多くの群賊悪獣《ぐんぞくあくじゅう》が出てきて、この人がただ一人であるのを見て、先を争って襲いかかり殺そうとするのであった。旅人は死を怖れてそのまま西に向かって走りだすと、予期せぬ大河を眼前にし、自ら心につぶやいた。「この河は南北に果てしがない。ただ水火二河の中間に一つの白道を見るけれども、きわめて狭小な道であり、二つの岸のへだたりは近いとはいえ、どうして行くことができようか。今日、自分は死ぬよりほかはないのだろうか。来た道を引き返そうとすれば、群賊悪獣が襲いかかる。それを避けて南か北に走り逃げようとすれば、悪獣毒虫が先を争って迫ってくる。まっすぐ西に向かって道をたずねて行こうとすれば、おそらくこの水火の二河に堕ちてしまうだろう」こう思ったとき、その恐ろしさは、とても言葉にあらわせない。

㈢　そこで旅人は自ら思念した。「自分は今、引き返したら死ぬほかはない。立ち止まったら、また死よりない。かと言って、前に進んでも、また死ぬほかはない。いずれにしても死を免《まぬが》れないのであれば、自分はただこの道をたずねて前に向かって歩んで行こう。すでにこの白道がある。必ず渡ることができるにちがいない」と。このように決意したとき、旅人は東の岸に勧め励ます声を聞いた。「仁者《あなた》よ、ひとすじに心を決めて、この道をたずねて行け。必ず死ぬようなことはない。もし止まっているならば、かえって死なねばならない」と。すると また西の岸に人がいて喚《よ》んで言うには、「汝《あなた》は、心ひとつに、念《おも》い正しく、まっすぐにこの道を進んで来なさい。わたしはすべてを挙げてあなたを護ろう。まったく水火の難に堕ちることなど恐れる必要はない」と。

㈣　旅人は、この「行け」と勧める声、かの「来れ」と喚ぶ声を聞き、この二つの声をまっすぐに身心に受けとめて、わき目もふらず白道を進み、疑いやおびえ尻込みすることがなかった。こうして一歩、二歩と進んで行くうちに、東の岸の群賊たちが喚びかえしてくるではないか。「あなた、引き返せ。その道は嶮悪《けんあく》でとても渡り切れまい。必ず死ぬだろう。われらは決して悪意から、きみに向かって言うているのではない」と。旅人はその喚び戻そうとする声を聞いても、もはや振りかえることはなかった。一心に白道を念じてまっすぐに進んで行くと、たちまち西の岸に到り、永久にもろもろの難を離れる。多くの善き友と会い、尽きることのない深いよろこびを共にするのである。

これが、「二河譬」の譬喩段の全文訳である。そこに四つの要を聞きとりたいために、しばらく四節に区切ったが、全体としてそのあらわすところは、
①道を渡る決断に求道の旅の核心を述べ（第三節）、それを中心にして、
②前には、そこに至る道ゆきと（第一・二節）、
③後には、そこに始まる新しい歩み（第四節）
とをもって、求道の旅の全体像を浮き彫りにしている。

一方蓮如の御文を「二河譬」に重ねてみれば、①「雑行《ぞうぎょう》をすてて一心に弥陀をたのめ」という決断の勧めを中心に、②前にはその「弥陀をたのむこころをふかくおこすべき」道ゆきとして「後生の一大事」を前面に押し立て、それに深くかかわって無常感――不安と恐れ――を強調し、③後には弥陀をたのむ決断に賜る生活を、「ねてもさめても、いのちのあらんかぎりは、称名念仏すべきものなり」と、もっぱら称名念仏の一行に集約してその歩みを説く。

実に簡明直截《かんめいちょくせつ》なうちにも混迷と彷徨《ほうこう》の中に生き惑う民衆と向きあう蓮如の

緊張感・切迫感が何よりも見落せない。そこに蓮如のひたすらな人間の自立を願い続けた悪戦苦闘の姿を見る。

次の項では四節それぞれを詳細に読み解くことにする。

二　血路をひらく勇気

(一)　ゆさぶられている人生――西に向かう

自己肯定の生きかた

第一節は「一人の旅人が西に向かって歩んで行こうと思い立つ。だが、それは百千里の遠い道のりである」。

まず、この言葉に立ちどまらされる。それは続いて述べる状景からも、ここにこそ終りなき道（聞法《もんぽう》求道）の始めを語るわたしたちの原点が示されているからだ。

「西」が日没の方向であることに寄せて、万物のおさまりゆく方向、人生の究極的方向を「西方」（浄土）とあらわす。そのことはかえってわたしたちの日常生活が〝東向き〟の姿勢であることを顕《あらわ》していると言えよう。

東向きとは、地獄・餓鬼・畜生の流転の方向である。言いかえれば、仏の教えを聞くことができない生きかた、否、聞く必要を感じない生きかたと言うべきか。より踏み込んだ言いかたをすれば、仏法なんかなくたって何の支障も感じないということだ。ならば、そんなわたしたちに「西」に向かうことが、どうして起こりうるのだろうか。だが、それには、むしろ西に向かえないわたしたちのありかた、つまり仏法が聞けないわたしたちのありかたこそが、問いかえされねばならないだろう。

その点で注目したいのは、パウル・ティリッヒ（一八八六―一九六五・アメリカの宗教哲学者）の「自己肯定」についての指摘である。それはわたしたちの生きかたが何らかのかたちで自分を肯定して生きていることの照射だからだ。

存在的な自己肯定。倫理的な自己肯定。精神的な自己肯定。

（『生きる勇気』、大木英夫訳、平凡社）

「存在的な自己肯定」というのは、現状の自分がいつまでも続くかのように捉えていることではないか。そんなことを言えば、そのようには考えていない、人間は老い、病み、そして死ぬのだからと。だが、実生活の場ではそうでないのがわたしたちの実相だ。よく掲示伝道板で「子どもは自分の来た道、老人は自分の行く道」という言葉を見るが、自分もまた老化していく身であることを忘れて、老人に学ぶ心を失っている生活ではないだろうか。老人差別は他人事《ひとごと》ではない。優しさの心（同情心でなく尊敬心）に欠けるのも、それゆえでは？と自問させられる。

「倫理的な自己肯定」はわたしたちが関係を生きる身であるかぎり、

自己に対する義務、他人に対する義務、家庭に於ける義務、社会に於ける義務、親に対する義務、君に対する義務、夫に対する義務、妻に対する義務、兄弟に対する義務、朋友に対する義務……。

（清沢満之）

という、家庭人として、社会人として、実に様ざまな義務を課せられている生活だ。ところがそこにおいてわたしたちは自己を肯定して疑わない。自分は夫として、妻として、親として、子として、社会人として、なすべき義務を果たしている。周囲から、とやかく言われる筋合いはない、と倫理的・道義的に自分を是として生きている。

「精神的な自己肯定」、これは自分が生きていることに対して、意味的に価値的に肯定しているありかたのことではないだろうか。「この世の最大の不幸は、貧しさでもない、病気でもない、だれからも必要とされていないと感じた時」。これは何かで読んだマザー・テレサの言葉であるが、「精神的な自己肯定」は自分が軽視されたり無視されたりすることを恐れる心の裏返しとしての自己主張と言えないか。ある高齢者が、「自分は老いて仕事もできなくなったが、自分が居るだけでここの家の貫禄がちがう」と頑張っておられたことを想起する。

わたしたちはよく「あの人はどうして仏法を求めようとされないのか」と

か、「わたしはどうしたら仏法が聞けるようになれるのか」などと言うが、求めないのも、聞けないのも当然でなかったか。自分の生きかた、ありかたを疑わないありかたからは、聞法・求道の必要性は意識できない。日ごろ、「自分は無信仰者だから」という声も聞くが、中身がそうした自己肯定であってみれば、そういう自分の思い込みを信奉している〝自分教〟の信者だと皮肉られても仕方がない。

危機意識に始まる求道の旅

では、わたしたちはそのようなありかたで終るのだろうか。いまほどのティリッヒの続く指摘に耳を傾けたい。たしかに自分を肯定した生きかたのわたしたちではあるが、そうしたわたしたちを常に不気味にゆさぶってきているものがあるではないかと。

現在の自分の状態の永続性を夢みている「存在的な自己肯定」をゆさぶって

きているものは、厳粛な「運命と死」である。仏教では「運命」とは言わないが、いまは、〝命が運ばれている〟、〝内因・外縁和合の法則によって命は運ばれている〟と解したい。倫理的に自分を是としている「倫理的な自己肯定」をゆさぶってきているものは、「罪と呪い」である。意味的に価値的に自分に執着している「精神的な自己肯定」をゆさぶってきているものは、「無意味と空虚さ」であると。

　このような指摘を通底するものは、ひとえに人生の不如意性、意外性ではないか。先人は「危機を知る感覚こそ正常である」と言う。危機意識のないところには、自分が身を置く現実に対する責任姿勢を生じない。その意味でわたしたちが聞法求道の旅に出発することは、現実——自己と社会——に対して無関心でいるかぎり、決して始まらない営為なのだ。

　惟《おも》えば、二河譬は善導自身、自らの煩悩、貪《むさぼ》りと瞋《いか》りを「水の河」「火の河」にたとえ、それが逆巻き、燃えさかるただ中に、真の血路を見いだした大転換の告白であった。

貪りと瞋りは個人と世界を貫いてそのまま現実の危機的状況を示している。科学技術の驚異的発達がもたらした豊かさ・便利さ・快適さの恵みも、世界に充足と謝念の情をもたらすどころか、かえって我欲と排除と暴利の「水の河」と、猜疑《さいぎ》と憎悪と殺戮《さつりく》の「火の河」とが荒れ狂い、いがみあう無底の陰惨さをひきずるばかりだ。宇宙開発は進んでも、核兵器は手放せないという何とも奇異な現象である。

親鸞の浄土真宗はつねに危機意識から始まることであった。『教行信証《きょうぎょうしんしょう》』の製作も、承元《じょうげん》の法難（一二〇七）に凝集される専修念仏の僧伽《さんが》の危機的自覚から生まれたものではなかったか。その点、蓮如にみる真宗再興の取り組みも、また強い危機感からの行動であったことはここに繰りかえすまでもない。

それゆえ危機感に始まる歩みには必ず「決断」をともなう。それは自覚的決断なくして危機の突破はありえないからだ。いま「二河譬」の教えはそれを雄弁に語りあらわしており、蓮如、また出口の見えない閉塞の世に喘ぐ人びとに、「雑行をすてて一心に弥陀をたのめ」とその背後から強く決断を訴えていることは、みなこの文脈にあることであった。

(二) 苦しみはどこから――矛盾撞着

孤独と群賊悪獣

西に向かう旅人の東岸を行くすがたを、あらためて浮き彫りにしてくるのが第二節である。

この旅人は果てしない荒野を一人歩いてきたが、誰一人出会わない。だが、そこには多くの群賊悪獣が出てきて、この人がただ一人であるのを見て、先を争って襲いかかり殺そうとするのであった。

この描写は、前節の冒頭に、

一人の旅人が西に向かって歩んで行こうと思い立つ。だが、それは百千里の遠い道のりである。

とあった旅人の初発心《しょほっしん》を裏がえしにあらわしたものと読みとれる。「果てしない荒野」は「西」に対し、「群賊悪獣が襲いかかる」は「百千里」に対するものである。

旅人はまず外に対しては、何もない、誰もいない、空漠《くうばく》たる見渡すかぎりの荒野であることを知った。それが東岸の実態であった。善導大師はこれを、

われらが、つねに悪友にしたがって、この人生に真の善知識《ぜんじしき》（よき師）に遇わないことを喩《たと》えたのである。

（『合法段《がっぽうだん》』・訳）

と言っている。この指示からすれば、「空漠たる見渡すかぎりの荒野」とは言っても、誰もいないのではなく、むしろ大勢の人に囲まれていながら、真実のことばの人に出遇えない無意味さではないのか。ならば、それはあたかも大都会の雑踏の中に放り込まれたような東岸の道ゆきの孤独さをあらわすものと言えよう。

一方、そうした孤独の旅人に襲いかかってくる「群賊悪獣」がある。この群賊悪獣とは一体何なのか。ここにこの第二節の要を読みとるべきように思う。善導大師はそれについて、

われらの六根《ろっこん》（眼《げん》・耳《に》・鼻《び》・舌《ぜつ》・身《しん》・意《い》）と、そこにおこるわれらの六識《ろくしき》（眼識・耳識・鼻識・舌識・身識・意識）、その対象である六塵《ろくじん》（色《しき》〈もの〉・声《しょう》・香《こう》・味《み》・触《そく》・法《ほう》〈ことがら〉）、そしてわれらの身心を構成している五陰《ごおん》（色《しき》〈もの〉・受《じゅ》〈かんかく〉・想《そう》〈かんがえ〉・行《ぎょう》〈おこない〉・識《しき》〈こころ〉）およびすべての事物を構成している四大《しだい》（地・水・火・風）を喩えたものである。

（同前・訳）

と言う。であれば、これは「身」として存在する自己そのもの。いまは旅人自身を意味していることになる。「身」は単に肉体を指すのではない。肉体に具象される境遇をあらわす。したがって「身」は存在の必然性を告げている。

ところで善導大師は、いま自分というこの存在が群賊悪獣だと解するのだ。これはまったく意外である。群賊悪獣と言えば、自分の外から自分を殺しにくる何ものかだと思う。だが、外物・他人でなくして自分自身だと言う。外物・他人については「ひろい荒野に、人はひとりもいない」と言い、自分についてては自分を苦しめるもの、殺しにくるものは、ほかならぬ自分自身だと言う。これは一体どう受けとめればよいのか。

身と心

わたしたちの存在は、「身」においてやり直しがきかない、ただ一回かぎりの人生をあたえられている。この絶対的な限定としての「身」を、どのように認識するかによって人生の明暗がわかれることを仏教は説く。その意味でいま、自分が自分に殺されるとは、いかなることか。わたしたちが生きたいということは、自分が自分を摑《つか》んで自分の思いのままに自分を支配したいということではないか。だが、摑まれた自分が摑む自分に関係なく崩れてゆくとき、摑む自分の居場所がなくなる。この事実が生きようとする自分にとっては、まさに殺されてゆくことにほかならない。

ここに摑む自分というのは、〝心としての自分〟であり、摑まれる自分というのは、〝身としての自分〟と言える。一つの自分が、「心」と「身」の二つに分裂している構造である。「心」は「身」がもつ認識作用であるが、この作用が生ずると同時に、それは自分に対する所有意識となっている。つまり自分は自分のものだ、自分は自分の意のままにできるのだという考えである。だが、そうでない証拠に、自分は自分の思うようにならないのだ。それが壊れてゆく、死んでゆくという事実である。

自分を自分の所有物としてあくまでも支配しようとするのは「心」のはたらきであり、それに背いて壊れて死んでゆくのは「身」のはたらきである。「心」と「身」と二つのものが別にあるわけではないが、自分を支配しようとする自分は、「心」にあらわれる自分であり、支配される自分は「身」にあらわれている自分ということである。「心」とは考える自分であり、「身」とは考えられる自分である。考える自分は支配欲の自分であり、考えられる自分は支配される自分である。だが、この支配欲の自分が支配される自分から、逆に支配し返される、この事実が「群賊悪獣」であったのだ。もともと「身」としての自分は、「心」としての自分の支配下にないからだ。

これと同じく外物・他人を支配しようとして、逆に外物・他人に背かれるところに「ひろい荒野に、人ひとりいない」との怨念的指摘となる。自分が自分の支配者となってどこまでも生きようとする。そのことが、逆に自分が自分に殺されねばならなくなる因なのだった。

矛盾撞着

しかし旅人は、この群賊悪獣の襲来から逃《のが》れようと、いよいよ西に向かって走りだす。だが、眼前の水火二河が荒れ狂い、渡ろうにも渡ることができない。なぜなのか。それは、渡ろうとする心がすでに殺されまいとする心であり、その心が実は水火の二河を作りだしている心だからではないか。助かろうとする心が、逆に助からない心なのである。ここに旅人の根本的な矛盾撞着《どうちゃく》があるのでなかったか。

この河は南北に果てしがない。ただ水火二河の中間に一つの白道を見るけれども、きわめて狭小な道であり、二つの岸のへだたりは近いとはいえ、どうして行くことができようか。

と述べるところが注目されよう。白道を眼前にしていながらも、到底渡るべき方途がない。

来た道を引きかえそうとすれば、

とは、もう西に進むことをやめてしまおうかという迷いである。だが、

群賊悪獣が襲いかかる。

ではないか。それを避けて、

南か北に走り逃げようとすれば、悪獣毒虫が先を争って迫ってくる。

それは、むさぼりといかりの心のままで、この心の満たされる道はないかともがく。現実はそんな心に容赦はしない。ならば、

まっすぐ西に向かって道をたずねて行こうとすれば、おそらくこの水火の二河に堕ちてしまうだろう。

依然として二河は渡ることをゆるさない。

こう思ったとき、その恐ろしさは、とても言葉にあらわせない。

(三)血路をひらくえらび――渡る勇気

決断はいかにして生まれたか

そのような旅人の血路が開かれる宗教的決断の核心を語るのが第三節である。まず、その言葉に注目したい。

そこで旅人は自ら思念した。「自分は今、引き返したら死ぬほかはない。立ち止まったら、また死よりない。かと言って、前に進んでも、また死ぬほかはない。いずれにしても死を免れないのであれば、自分はただこの道をたずねて前に向かって歩んで行こう。すでにこの白道がある。必ず渡ることができるにちがいない」と。

これが閉塞状態にあった旅人の一点突破の決断そのものであった。いま、もどっても死ぬ、じっとしていても死ぬ、前へ進んでも死ぬ、いずれにしても死ぬほかはない――三定死＝これは「身」の事実に対する「心」のもがきの無効さを語る――。ならば、前に向かって進もう、すでにこの道があるのだ、必ず渡ることができると。

このように決意したとき、旅人は東の岸に勧め励ます声を聞いた。

「仁者《あなた》よ、ひたすらに、その道を前に向かって進め、死の難など決してありはしない。もしためらってここに立ち止まったら、たちまち死ぬほかはないだろう」と。

するとまた、西の岸から人の喚ぶ声が聞こえた。

「汝《あなた》は、心ひとつに、念《おも》い正しく、まっすぐにこの道を進んで来なさい。

わたしはすべてを挙げてあなたを護ろう。まったく水火の難に堕ちることなど恐れる必要はない」と。

旅人は、渡りたいが渡れない、助かりたいが助からない。そこにおいて「すでにこの道がある、必ず渡ることができるにちがいない」との決断が生まれ、それによって同時に東岸に先達の勧める声と、西岸に喚ぶ阿弥陀仏の声とが至り聞こえて、白道を行く人となった。

ここでわたしたちはきわめて重要な確かめを要《もと》められていることに気づく。それは眼前の白道を渡ろうにも渡れなかった旅人が、どうして白道を進む者となることができたのか。つまり旅人の決断はいかにして生まれたのか、の一点だ。いまそれについては何よりも親鸞の了解に聞こう。

親鸞は『教行信証』の「信巻」にこの「二河譬」を提出し、そこに聞かねばならぬ眼目を「白道四五寸」の一語に凝集して、次のように述べる。

「白道」の「白」というのは「黒」に対する語で、阿弥陀仏がひとえにわれらを救わんがために万善・万行の中から選びとられた純粋な善業、また浄土に生まれさせようとしてわれらにふり向けられた清浄業である南無阿弥陀仏の名号のことである。（中略）「道」というのは、「路」に対する語で、阿弥陀仏の本願に随順する真実信心こそ、唯一無二のまっすぐな道であり、真実の仏のさとりに至るこのうえなき大道であることを言うのである。（訳）

これによれば「白道」は本願の名号、南無阿弥陀仏そのものだと言う。そうであるならば、白道の道幅「四五寸」とは何か。

白道の幅「四五寸」というのは、われらの身心を構成している四大（地・水・火・風）五陰（色・受・想・行・識）に喩えたのである。（訳）

と言って、旅人の「身」と解している。だとすれば、「すでにこの道がある」と言った「この道」は、旅人自身の「身」と離れた道ではなかったのだ。ということは、旅人は自分自身、「身」としての存在そのものに、南無阿弥陀仏の白道を発見したことであったのだ。だからこそ、それが決断となってあらわれたのだ。

活殺二重にはたらく「身」

このような親鸞の深い了解が何を意味しているかは、もはや明らかだろう。旅人にとって白道が渡ろうにも渡れなかったのは、「心」で渡ろうとしていたからだ。それが一転「身」で渡ることに気づかされたからではないか。「心」で渡ろうとしていたとは、「心」が「身」を従わせて満足しようというありかたにほかならない。だが、すでにその自力「心」の無効さを読み抜いて、「汝、心ひとつに」その「身」を生きよ、「わたしはすべてを挙げて汝を護ろう」との本願名号の喚び声を、「身」から「心」に聞かされたからの決断であった。

ひるがえってみるに、善導大師は「白道」については、

この水・火二河の中間に四・五寸の白道というのは、われらの貪《むさぼ》りと瞋《いか》りの煩悩のうずまくただ中に、浄土に生まれたいと願う実に清浄《きよ》らかなる信心が、よくぞ生まれたことを喩えたのである。（訳）

と述べて、とくに「四五寸」の語については解釈を施していない。親鸞がそれを「われらの身心を構成している四大五陰に喩えたのである」と受けとめたことは、さきに善導大師によって「群賊悪獣」に喩えられたものを本願の白道へと一転したことになる。自分を殺しにくるこの「身」が、自分を救う本願の白道であったという驚天動地の転換。活殺二重にはたらく「身」。どうして一つの「身」が、一方では群賊悪獣となり、一方では大道となるのか。

もはやここにあらためて申すこともないかも知れないが、それはズバリ「身」

に対する「心」の覚醒によることであった。「心」が「身」を自分のものとして所有し支配しようとするとき、「身」は「心」に対して「群賊悪獣」の姿をあらわし、徹底して「心」を〝三定死《さんじょうし》〟の淵に追いつめてやまない。だが、その事実は「身」が「心」の支配下にないこと、「心」の所有物でないことをあらわしている。「身」は「心」の支配を受けているのではなく、「法」（法則）によって運ばれている存在なのだ。「心」は「身」を認識するはたらきではあっても、支配するはたらきではない。「身」が「法」に拠って在ることを「身」から「心」に聞かされたとき、「身」は一転して本願の白道、南無阿弥陀仏の大道となったのであった。

その意味でふりかえって言えば、群賊悪獣は旅人の自力「心」の無効さ（三定死）を信知せしめる阿弥陀のはたらき、喚び声であったのだ。その阿弥陀の喚び声がわれわれの口業《くち》に現われ出ている、それが称名念仏のすがたであった。

ここまでたずねてくると、信心はもはや「身」から遊離した「心」のもちかた、精神談義ではない。どこまでも「身」に具象される存在についての自覚であった。「心」は自らの分限として、「身」に回帰することの一つなのだ。

中村草田男《くさたお》の句を想起する。

勇気こそ地の塩なれや梅真白

「地の塩」は『聖書』マタイ伝に見るが、塩がすぐれた特性をもつことから、転じて広く人間や社会の腐敗を防ぐに役立つもののことを言う。俳人・草田男は人間の純なる生きかたを「勇気」に見すえていたことが、「梅真白」に殊のほか際立つ。

だが、一口に勇気と言っても、わたしたちの自我意識からは、暴勇か臆病かの両極しかない。「小事に大胆なる者は、大事に臆病である」という言葉は、何とも身につまされる。ならば、真の勇気とは何か。ひたすら真理に随順する生きかたではないか、「二河譬」はそれを教えているのであった。自分の現実から逃げない生きかただ。ならば、それは逃げてばかりの自我意識の自分を痛む知見として成り立つ生きかたと言うほかはない。

「しぜん」と「じねん」

惟えばわたしたちの生きかたは、肉体主義と言えないか。この肉体にしがみついて生きているのだから。「いのちあっての、もの種」の諺ではないが、この身体一つを拠りどころに生きているわたしたちだ。

しかし、だ。しかしそのたのみの綱のこの身体が、時々刻々壊れているのだ。〝老いる〟——確実に、見事に、壊れつつある。ある寺の伝道掲示板で、次の言葉にハッとさせられた。

老・病・死

このあたりまえのことが

ただごとでないことを
身体から教えてもらう
このごろ

頭からでなく「身体から教えてもらう」。身体が喚んでいるのだ。南無阿弥陀仏と口に現われる念仏は、その声だった。

汝の所有物にあらず！

自分の所有物なら壊れるはずもない。「心」はつねに、若くて健やかで長生きをと願っているのだから。ならば、なぜ壊れる。他力だからだ。
かつて藤原鉄乗《てつじょう》が、『歎異抄』第一条の「弥陀の誓願不思議にたすけられまいらせて――弥陀の本願に救われること――」がどうしてもわからないと言う人に、ただ一言「そりゃ、自然《じねん》にかえることや」と説いた。親鸞は「自然」に

ついて、

自然というは、自はおのずからという。行者《ぎょうじゃ》のはからいにあらず、しからしむということばなり。然《ねん》というはしからしむということば、行者のはからいにあらず、如来のちかいにてあるがゆえに。（『末燈鈔《まっとうしょう》』）

と述べて、如来の本願、南無阿弥陀仏のはたらきと了解している。

「自然」は、「しぜん」（漢音）と「じねん」（呉音）の二様に読めるが、単に文字の読みかたということでなく、いまはそこに大切な意味を確認したい。「しぜん」と言えば、おのずからしかるであって、ものごとの「しぜん」なさまを言う。したがってそこには、何かがそうさせているという意志のはたらきなどはない。「水は低きに流れ、煙は高きにのぼる」ものごとの必然のさま、道理である。

わたしたちの現前の境遇は、その意味でたしかに「しぜん」である。内因、

（自己の条件）と外縁（他者の条件）とが出会った必然の結果だから。だがわたしたちは、その「しぜん」の道理（法則）に闇《くら》く、つねにエゴの追求に執念を燃やし、様ざまな呪術信仰を生みだす生きかたしかできない。ならば、わたしたちのなすべきことは、おのずからしかる「しぜん」の事実に、おのずからしからしむ如来の意志＝本願の喚び声「じねん」を聞くことにあった。それを「南無阿弥陀仏のいわれを、よくよく聞きひらく」ことと蓮如は言う。

「しぜん」を「しぜん」と気づかせる「じねん」のはたらきを、「しぜん」の事実に聞きうるとき、「しぜん」と「じねん」は本来不離《ふり》一体《いったい》であった。

『念仏十唱』

ここにいみじくも藤原鉄乗の『念仏十唱』を想起する。

春なれや宇宙万有ことごとく　よみがえるなり南無阿弥陀仏

み仏の誓いなりせば草も木も　芽ぶき立ちつつ南無阿弥陀仏
み仏の誓いなりせば咲く花も　小鳥の声も南無阿弥陀仏
み仏の誓いなりせば生も死も　三世十方南無阿弥陀仏
み仏の誓いなりせば大空に　かがやく星も南無阿弥陀仏
み仏の誓いなりせば天も地も　流るゝ川も南無阿弥陀仏
み仏の誓いなりせば悪逆の　提婆阿闍世《だいばあじゃせ》も南無阿弥陀仏
み仏の誓いなりせば世々生々《せせしょうじょう》の　四海同朋《しかいどうぼう》南無阿弥陀仏
み仏の誓いなりせばわれも人も　六趣四生《ろくしゅししょう》南無阿弥陀仏
み仏の誓いなりせば日々《にちにち》の　稼業そのまま南無阿弥陀仏

(四) 弱さと強さ——決断の反復

群賊悪獣がよびかえす

続いて第四節。

旅人は、この「行け」と勧める声、かの「来れ」と喚ぶ声を聞き、この二つの声をまっすぐに身心に受け止めて、わき目もふらず白道を進み、疑いやおびえ尻込みすることがなかった。（訳）

旅人はついに白道を行く身となったが、その道は何の障害もなく、悠々自適に進むことのできる道だったのか。決してそうではなかった。

こうして一歩、二歩と進んで行くうちに、東の岸の群賊たちが喚びかえしてくるではないか。「あなた、引き返せ。その道は嶮悪でとても渡り切れまい。必ず水火二河に堕《お》ちて死ぬだろう。われらは決して悪意から、きみに向かって言うているのではない」と。（訳）

文面どおり群賊悪獣が喚びかえすのだった。この事は何を意味するのだろうか。ここにはまさしく、「決断」の相続、つまり決断に始まる歩みのすがたをあらわしているのでないか。それはさきにこの「身」への随順の決断をあたえられたが、「身」に対する所有欲の「心」がなくなったわけではない。否、本願の白道に信順して、いよいよ本願をも私していく自力「心」のすたらぬ根深さが浮き彫りされる。だから、「身」に随順した足下《あしもと》に、「心」がつねに満足を追い求める事実、言いかえれば「心」が「身」を忘れて暴走するありかた、それが「東の岸の群賊たちが喚びかえす」意味にちがいない。したがって「こうして一歩、二歩と進んで行く」とあるように、一足二足《ひとあしふたあし》なのではないか。決し

て自力「心」が捨て去られ本願一つで、一気呵成にという道ではない。その点、親鸞が、

本願の白道を一歩二歩、だんだんと歩んでゆけば

（『一念多念文意』訳）

と解釈しているように、一歩一歩は「喚びかえす」誘惑を背にした一歩一歩である。しかしその誘惑を一歩一歩踏み越えてゆく歩みに、白道を一足二足進んでゆくすがたがある。

ここに『歎異抄』第十六条の、

心ひとつに阿弥陀仏に信順する念仏者においては、回心《えしん》ということは、ただ一回きりのことである。

（訳）

という。「ただ一回きりの回心」の意味が確認される。それは「本願に信順す

る」一回の決断が、単なる一回、相対的な一回ではなく、「ただ一回」、「唯《ただ》」、絶対的一回であるところに生涯を包む一回性であることがわかる。それはつねに、一回の回心が生活の現実から問いかえされてゆくことにほかならない。誤解を恐れずに言えば、不断に現実の問題をとおして決断し直されてゆくことでないか。したがってそれは入信が決して過去化されない、つねに「信の一念」の「今」に立たされてゆくことだ。その意味で生涯を貫いて反復相続されていく絶対の一回性の決断なのだ。

親鸞がさきの文に続いて、

　二河のたとえに、一歩二歩と進みゆくと言うのは、一年二年とすぎてゆくことにたとえたのである。（訳）

と、一歩一歩の歩みを「一年二年とすぎてゆく」と解釈して、その生涯性を語るのもこのこころであろう。こうした歩みを、

旅人はその喚び戻そうとする声を聞いても、もはや振りかえることはなかった。一心に白道を念じてまっすぐに進んで行く。（訳）

と、善導大師は言う。

細々に信心の溝を浚えよ

こうした決断の反復としての生活性は、蓮如がまた「ふみ」のうえに強調するところであった。一例を挙げよう。親鸞の同朋精神を自らの立脚地とした蓮如は、ひたすら人びとと同じ眼の高さで親しく語りあう「平座《ひらざ》」、一対一の出遇い、の伝道をモットーとした。したがって必然的に「改悔《がいけ》のこころをおこして語る」信仰告白を促すものであったから、その、「改悔懺悔《さんげ》」の告白の相続があらためて問われてくることとなった。入信の告白をうけて、しかしながら、そのままで打ちすてておくならば、せっかくの入信、回心も消え失せてしまうであろう。いくたびも、いくたびも、信心の溝を浚《さら》えて弥陀の法の水を流せという言葉もあるほどである。（『五帖御文』一の一・訳）

ここに「そのままで打ちすてておくならば」とは、その改悔の信心の相続を欠くならばということであり、それは蓮如の「わが心にまかせずして、心を責めよ」というつねの言葉からすれば、それが反顕する「懈怠《けだい》の心」にほかならない。もし懈怠の心にまかせて過ごすならば、信心もわが身から消失するだろうと言う。それゆえ「いくたびも、いくたびも、信心の溝を浚えて弥陀の法の水を流せ」という古語に寄せ、改悔の信心を溝に喩え、懈怠の心を誡めて塵芥《ちりあくた》になぞらえ、それを浚える（取り除く）ことを不断にくりかえしていかねばならぬと促すのであった。

では、くりかえし問おう。なぜ、「改悔懺悔」の反復なのか。それはわたしたちが生きていく現実から、つねに「改悔の信心」が問われていくからだ。

待ったなしに生起してくる様ざまな問題は、「弥陀をたのむ」生きかたの決断、自我に立つか、本願に立つかの決断を問いかえさせてくるからだ。そこにいよいよ本願を聞き直していく反復の歩みの必然性がある。その意味でこの問いかえし、聞き直しの欠落こそ「懈怠の心」と言われるものであり、同時にそれは信心の証《あかし》を放棄した自己満足的ありかたとして批判されねばならない。

ここに至ってあらためて思う。それは、弱さと強さという問題である。われわれの日常的思考は、どちらも実体的にとらえているから、その実践的ありかたを見失いがちでないか。つまり弱さと言えば強さがない、強さと言えば弱さがない、という実体化ゆえの分離である。だが端的に言って、真の強さのありかたは弱さの克服をほかにしてはない。つまり弱さとの緊張関係を生きることこそ、強さの証にちがいない。述べてきた白道の歩みも、群賊悪獣の誘惑を一歩一歩乗り越えてゆく緊張感に成り立つことであった。

(五)　釈迦と弥陀と行者の三者の声

釈迦の声は親鸞・蓮如の声に

前上、「二河譬」の語るところをたずねてきたが、その求道の全道程を支え成り立たせている根本は、東西両岸の声であった。取りも直さずそれは釈迦・弥陀二尊の発遣《はっけん》と招喚《しょうかん》とであった。その点すでに言及したことではあったが、ここになお一言確認したい。

「発遣」は「送り遣わす」という意味で、東岸(此土)に立つ釈迦の勧めの声である。それは白道を前に逡巡する旅人に対して、「この道を尋ねて行け」と渡る決断を促す教えのこと。「招喚」はそれに呼応して西岸(彼土)に立つ弥陀の声であり、「まねく・よばう」の親鸞の字訓からも「直ちに来れ」と喚び続ける勅命である。

釈迦——教仏（覚者）——成就（事実）——発遣——行け
弥陀——法仏（覚法）——本願（原理）——招喚——来れ

親鸞仏教の構造はこの二尊の遺喚に集約される。いま必然的にこれが蓮如の御文に等流して、真実信心を説く根拠として通底する。

あら、何とありがたい弥陀の誓願や。あら、何とありがたき釈迦如来の金言や。あおぐべし、信ずべし。
（『五帖御文』三の三・訳）

むかし釈尊が霊鷲山《りょうじゅせん》において一乗の教えを明かす『法華経』を説かれていたときに、提婆《だいば》にそそのかされた阿闍世《あじゃせ》太子が親に反逆するという事件が起きた。そのとき釈尊は『法華経』の説法の座を立って王宮におもむき、母・韋提希《いだいけ》のために浄土の教えを説かれた。それによって弥陀の本願がこの時にあたり盛んとなったのであり、またこうした事情により法華と念仏

とは同時の教えと言われるのである。（同　四の三・訳）

善知識というのは、阿弥陀如来に帰依信順せよと勧める（発遣）使者であって、無数の因縁が熟し善知識に遇うことがなければ、往生浄土の道にたつことはできないだろう。だが、帰依随順するところの弥陀を忘れて、ただ善知識のみをたのみとすることは、大きな誤りであると心得なければならない。（同　二の一一・訳）

釈迦・弥陀二尊の発遣と招喚とによって成り立つ宗教的決断を、

雑行をすてて、後生たすけたまえと、一心に弥陀をたのめ。

と叫ぶ御文は、明らかに当時の人びとに対し、また現代のわれわれへ向かっての、蓮如の全身的な発遣と言うほかはない。

決断と同時の声

親鸞の「正信偈《しょうしんげ》」の語句に注釈を加えて大意を述べた蓮如の『正信偈大意』には、偈の冒頭の「帰命無量寿如来《きみょうむりょうじゅにょらい》」（「南無阿弥陀仏」の漢訳）について、

　阿弥陀如来に南無したてまつれというこころなり。

と言う。譬喩の眼目をなす「渡る決断」における旅人と釈迦と弥陀との三者の声は、表現上の前後次第はあっても決断の事実からは同時の声にちがいない。つまり旅人の決断として成り立つ三者の声であった。それをいま蓮如による「帰命無量寿如来」の訓読から、南無阿弥陀仏の名号《みょうごう》のうえに聞こう。「阿弥陀仏に南無したてまつれ」と読めば、それは釈迦の勧め促しの声であり、それによって「阿弥陀仏に南無せよ」と読めば、そこに聞く弥陀の勅命をあらわし、そして「阿弥陀仏に帰命したてまつる」と読めば、旅人の決断をあらわす一語となる。まったく三者の声は一つの「南無阿弥陀仏」すなわち「帰命無量寿如来」を出ない。

その意味でここに言えることは、蓮如が「正信偈」の初めの一句を「阿弥陀如来に南無したてまつれ」と読んだのは、釈迦の発遣が蓮如にとって身近に先師・親鸞の発遣の声として聞きえたからでなかったか。ならば、「雑行をすてて一心に弥陀をたのめ」の御文の発遣は、われわれにとって「雑行をすてて一心に弥陀をたのみたてまつる」決断として主体化されることでなければならない。

三　弥陀をたのむ決断

蓮如の時代教学

およそ宗教には二つの側面がなければならぬと言われる。一つは不変の面、それは時代社会がどのように変わろうと、人びとの考えがいかに変化しようと、永遠に変わらない面。いま一つは可変の面、つまり時代やそこに生きる人びととともに歩んでいく意味での変わるべき面である。初めの不変の面とは、もとより教法、御法《みのり》のことであるが、後の可変の面は教学を指す。それは教法の受けとめかた、つまり不変の教法を時機（時代と人間）に媒介する営みとして、時機の課題に即して教法の真実性を明らかにしていく営みだからだ。その意味で教学は、つねに時代教学（現代教学）でなければならぬと言われる理由である。

そうした教学について、基本的に、

何に依るのか
なぜ依るのか
どう依るのか
（『教行信証』「行巻」取意）

の、三つの課題が指摘される。それは人生の根本課題が〝何を「宗」（根拠）として生き死にするのか〟にあるかぎり、何を根拠とするのか・なぜ根拠とするのか・どう根拠とするのか、目的と理由と方法との三つの明確化が求められるからだ。いま御文のうえにこれを見れば、

何を根拠とするのか——阿弥陀如来（南無阿弥陀仏）を。
なぜ（阿弥陀仏を）根拠とするのか——後生の一大事ゆえ。
どう（阿弥陀仏を）根拠とするのか——雑行をすてて後生たすけたまえと

一心に弥陀をたのめ。

教学が時代教学でなければならぬことを思えば、とくに「なぜ根拠とするのか」が注目されよう。それは御文の場合「後生の一大事」こそが阿弥陀如来を「宗」とする事由であったし、あの戦国乱世の人びとにとって〝なぜ念仏なのか〟を端的に告げる一語であったからだ。したがってそれは人びとにおける〝自分はなぜ弥陀をたのむのか〟の、根本的問いを語るものでもあった。ひたすら蓮如は、

もろもろの雑行雑修《（どうたのむのか）》のこころをさしおきて、一心に、阿弥陀如来後生《（何をたのむのか）》たす《（なぜ》けたまえ《たのむのか）》と、一念にふかくたのみたてまつらん

（『五帖御文』五の一八）

と凝集して発遣するのであった。

ここには「もろもろの雑行雑修のこころをさしおきて」という選び捨てる面

と、「一心に阿弥陀如来」と選び取る面とを挙げて、弥陀一仏への主体的決断を訴える。ということは、「雑行雑修のこころ」という人間の分別心、自我の執心を立場とする生きかたから、弥陀をたのむ生きかたへの立場の転換を促すことであった。弥陀をたのむ決断が、どこまでもこの生きる立脚地の転換であり、それが『歎異抄』に言う「回心」（第十六条）の内実であった。では、「雑行雑修自力のこころ」を立場とする生きかたとは何か。いま御文は、「雑行」に集約して次のように言う。

> さて雑行というは、なにごとぞなれば、弥陀よりほかの仏（余仏）も、またその余の功徳善根（余善）をも、また一切の諸神（神祇《じんぎ》）なんどに今生において用にもたたぬせせりごと（身勝手な）をいのる体《てい》なることを、みなみな雑行ときらうなり。
>
> （帖外御文、カッコ内筆者）

と。ここでは、余仏も余善も、それに依頼すればすべて神祇となる意味から、雑行は結局のところ諸神に今生の利益《りやく》を祈る心と行為にほかならないと説かれる。その点、蓮如の生きた時代、とくにその背景をなす宗教状況が思われると共に、それはまた現代との重なりを考えさせられることである。

御文の発遣の背景

ここでいま宗教社会学からの発言を引用したい。これはかつてオウム真理教による地下鉄サリン事件当時のものではあるが、内容的に今日も引きずっているだけに注意させられる。

時代が閉塞的な時には、神秘的・呪術的な宗教が伸びる。日本の近代以降でいえば、まず明治末、大正期がそうであった。次が第二次世界大戦に敗れた昭和二十年代、それから昭和の末から平成に入ってがそれである。第三次宗教ブームといわれ、新々宗教といわれているが、中身は別段新しくない。霊がたたるとか、神がかるといった内容である。しかしその表現スタイルが新しいだけ。極端に強調された神秘性・呪術性が、若者の感性にあって引きつけている。豊かな生活を送っているが、生きている実感は比較的希薄である。若者たちが求めているのは、呪術的な行為による神秘的・奇跡的なムードの中に自足し、自己を表出することなのである。

（『朝日ジャーナル』）

現代人は、一方には実証的科学主義に立つ虚無的な人生観。何か生きていながらこの生が終れば、すべて終りだというような人生観。どう生きるのかという目的も、またどうするのが足が地についた生きかたなのかという価値観も意味づけも曖昧なままの生きかた。一方では肥大化した欲望のあくなき追求から、安易に呪術的な行為による神秘的・奇跡的な信仰の中に救いを求めていくありかた。こうした虚無と呪縛の両極的な生きかたに、現代の闇が凝集されていると言えよう。

蓮如が北陸伝道に進出しその拠点とした越前の吉崎、その山上がいかに盛況をきたしたかは「ふみ」も伝えるところである。例えば、当時の世評として記してはいるが、

越前と加賀の国境、細呂宜《ほそろぎ》郷のうちの吉崎という一つのそびえた山がある。その頂上を平らにして屋敷をつくり、一つの仏閣を建立したと伝え聞いたが、まもなく続いて加賀・越中・越前の三ヶ国の門徒の人びとが寄り集って、多屋と称して甍《いらか》をならべ家を造ったのが、今ではもう一、二百軒にもなったようで、また馬場大路という大きな道を通し、南大門、北大門といって、南北の名前がつくほどになっている。……この山中を往来する僧俗、男女の数は幾千万とも数えきれない。

（文明五〈一四七三〉年八月二日付・訳）

と見えている。しかしそのような群参衆も、なかには世俗的関心からの人も少

なくなかったようで、蓮如は、「この吉崎へ、僧俗男女の人びとが群参するようになったが、まったく何の甲斐もない様子であるので、今年よりは、人びとの出入りを禁止することとした」（『五帖御文』一の八・訳）という、きびしい処置さえとっているほどである。

そうした吉崎山上に集う多くの人びとや、その動向が、北陸の旧仏教（顕密仏教）体制、神仏混交の寺社にとっては驚異的なことであり、勢いその摩擦を生じたことも当然であったかと思われる。ここで蓮如が既存の寺社について述べる「ふみ」をみると、

> 親鸞の流れを汲む念仏者の面々は、諸宗の教えを謗《そし》ってはならない。それはまず、越中・加賀ならば立山・白山、その他多くの山寺、越前ならば平《へい》泉寺《せんじ》・豊原寺《とよわらじ》などである。
>
> （『五帖御文』一の一四・訳）

と言う。「立山・白山」とは、いずれも山上に権現《ごんげん》を祀る修験道《しゅげんどう》の霊場であり、

麓には真言宗の別当《べっとう》寺院があった霊仏・霊社であったし、また「平泉寺・豊原寺」はいずれも天台宗で、共に白山権現の別当寺院として、神仏両部の霊場であった。ということは、旧仏教の体制寺院はすでに霊の宗教と化し、もっぱら祭祀信仰の司祭所（祈禱所）として民衆に臨んでいたということであった。

戦国時代と言えば、何よりも下剋上のことばが語るように、幕府の政治的無力化が注視される。幕府の内部では守護が将軍を凌《しの》ぎ、各地方では守護代が守護にかわって戦国大名となり、また在地武士や農民の一揆など、その混迷の度を深くした。加えてそれに前後する天災地変による飢饉や疫病による死など、悲惨な状況の重なりの下にあった。そうした中で人びとは無秩序化していく社会生活におののき、死の恐怖におびえながら生きねばならなかった。生きる希望も方向もまったく見失なわれた生活を余儀なくされたことは、あたかも二河譬における水・火二河を前にして、旅人が進退きわまったすがたとの重なりを思う。

そのような閉塞的な状況の中で人びとが求めたものは、勢い神秘的・呪術的な信仰であったことは当時の陰陽道《おんみょうどう》に集約される祈願・祈禱の盛行の事実に見ることができる。しかもそれがそうした人びとのニーズに安直に応える形をとってきた旧仏教の寺院体制と一体であったことは、もはや言うまでもない。蓮如が、「雑行をすてて一心に後生たすけたまえと弥陀をたのめ」と真実の帰依処を指示し、人間の真の自立を促したことも、実にそうした状況を背景とした叫びであったことに心をとどめたい。

現世を祈ることをなぜ切るか

日ごろ受ける質問の一つに、「この世の幸せを求めることは、この世に生まれ、この世に生きる者の自然な姿だと思う。この世に生きるかぎりこの世の幸せを求めない人など、いるわけがない。どうして浄土真宗はそれを切るのか」と。この発言にはとても共感・共鳴させられる。真宗仏教がむつかしいとか、わからんとかいうことも、実はこの点にあると言っても過言でないのかも知れない。わたしたちはどこまでも自分の意のままにしたい、なりたい、で生き、またそこでしか信仰も理解できない。念仏はそれを「雑行」と透視して、「捨てよ」と言う。このすれ違い。これが容易にわからない。なぜ捨てよなのか。それがわからない。だが、それはただ一つ、罪だからだ。

筆舌に尽しがたい身体的不自由の苦しみから、いのちの真実にめざめることのできた星野富弘の詩が想起される。

いのちが　いちばん　大切だと　思っていたころ　生きるのが苦しかった
いのちより　大切なものが　あると　知った日　生きているのが　うれしかった

わたくしはこの詩を読むたびに、すでに曾我量深が喝破した「仏法は、いのちより大切なものを明らかにする道だ」との至言を思い浮かべる。わたしたちの日常感覚からは「いのちより大切なもの」があってたまるか、と言いたくなるが、実はそうではない。むしろそれほどのいのちであればこそ、このいのちを真に生き生きと輝かせるものに出遇わねばならないという課題にちがいない。その点で、すでに（第一章）引用した相田みつをの詩が、あらためて玩味《がんみ》させられる。

おまえさんな　いま一体何が　一番欲しい　あれもこれもじゃ　だめだよ
いのちがけで　ほしいものを　ただ一ツに的を　しぼって　言ってみな

わたくしは「いのちより大切なもの」という問いの前に、この「いのちがけでほしいもの」「ただ一ツ」のものこそ、それにちがいないと教えられる。だが、すでに述べたようにわたしたちは自分の問題でありながら、真に自分のほしいものは？　と切り込まれたら返事ができない。すぐに言えるとすれば「あれも、これも」のレベルのものでしかない。「いのちがけでほしいものを、ただ一ツに的をしぼって」など、とても言えない、否、わからないのだ。そこにわれわれを超えて、われわれに先だって、〝汝の欲《ほっ》するものは、これでないか〟と、これ一つという一つを言いあてて、それを願っているのが如来の本願でなかったか。その本願が言葉に生きるわれわれに唯一、南無阿弥陀仏という言葉となって、この本願にめざめ、本願に生きよと喚びかけてきているのだ。それが称名念仏の事実がもつこころであり、その意味するところを「二河譬」にかえせば、東岸の「この道をたずねて行け」の勧めの声に呼応して、

かの西岸上から、人の喚ぶ声が聞こえた。「汝、心ひとつに正念に、まっすぐに来れ。われ、必ず汝を護ろう。何ら水・火の中におちはしまいかなどと恐れるな」と。（訳）

これをまた御文で言えば、

阿弥陀如来は「末代に生きる凡夫は、罪業がどれほど深くとも、われを一

心に依りどころとする者を、必ず救おう」と仰せられる。

（『五帖御文』四の九・訳）

との喚び声にほかならない。この喚び声が「二河譬」は、

自分は今、引き返したら死ぬほかはない。立ち止まったら、また死よりない。かと言って、前に進んでも、また死ぬほかはない。いずれにしても死を免がれないのであれば、自分はただこの道をたずねて前に向かって歩んで行こう。すでにこの白道がある。必ず渡ることができるにちがいない。

（訳）

と言い、御文にも、

わが身は罪深き浅ましい者であり、このような者までも救いたもう仏は阿

弥陀如来ばかりと信知して、ひとすじに阿弥陀仏におしたがいすれば
（『五帖御文』五の一二・訳）

という決断にあらわれるのであった。それゆえに「雑行をすてて一心に後生たすけたまえと弥陀をたのむ」転換の内実は、

われらごときの、あさましき一生造悪のつみふかき身　（『五帖御文』三の一三）

の自覚をほかにしてはありえなかった。

現代は罪がわからない

現代という時代は、もはや「罪」ということがわからなくなった時代と言えよう。せいぜい生活感覚からは、法律に抵触すれば罰せられる。だが、自分は

そんな行為をしていないから罪は無関係だ、といった態だろう。ここで注目させられるのは罪の三層の指摘だが、第一層の「法律的罪」（犯罪）はそれを指している。というのは、法律的罪の場合、行為の基準が法律という外的なものにあるから、そこではつねに法律に違反しなければ何をしてもよいとする合法性が主張される。

だが、そこにはむしろ逆に内面性をともなわないことへの問いかえしがあり、「道徳的罪」（罪悪）を説かれる理由となる。それは法律に反しないという合法性に立っていても、人間が理性的存在であるかぎり、自分を律する自己否定がなければならない。法律や、時代が、どう変わろうとも人間であるかぎりの普遍性において人道性があるはずだ。自分の行為がすべての人に通じて恥じないというものでなければならない。

それゆえに道徳的罪は、行為の基準が理性（良心）という内的なものに求められる。だが、それが理性であるかぎり、利害得失を超えて人間の依って生きるべき内面的規範となりうるか。真に自・他に恥じない行為は可能なのか。自己矛盾はないか。そこに第三層の「宗教的罪」（罪業）が説かれてくる必然性がある。そこではもはや行為の基準が法律や理性にあるのでなく、いのちの真実（本願）という存在の根元性に求められる。したがってそれは、いのちの真実に背く生きかたに人間の根本的罪（宗教的罪）を指摘するのである。

この三層の罪を真宗仏教の根本経典である『大無量寿経』に問えば、阿弥陀如来の本願（四十八願）の中心をなす第十八願にみる「五逆《ごぎゃく》」と「謗法《ほうぼう》」の二つの罪となる。五逆罪というのは、他者との関係を生きるわたしたちにおける関係、つまり、父、母、師、友、仏という人間生活の基本をなす五つの関係に対する破壊行為である。さきの法律的罪・道徳的罪がこれにあたる。ならば、この五逆の罪は何によって生起してくるのか。それは謗法罪によって起こると言う。謗法罪とは「正法を誹謗する」ことであり、正法の否定として、さきの宗教的罪を意味する。では、それは一体何を告げるものか。そのことで教えられるのはまたパウル・ティリッヒの所説である。

罪 sin という英語は、「切れ切れに」asunder という言葉と語源を同じくすることから「分離」の意味だと言う。したがって一般的に罪は状態概念と捉えがちであるが、実は関係概念である。そこで「分離」について、第一は「個々の生命における分離」である。それは他者を他者として認めず自己のみを貫き、他者から分離している存在の仕方、つまり孤独が罪であることを意味する。では、それはどうして生起するのか。それは第二「自己の自己からの分離」によって生じてくる。自己からの分離とは自己のありのままの姿を受容することができないままに痛ましい自己分裂を起こしていること、つまり不満が人間の罪なる姿であると。ならば、それはどうして起こってくるか。それは第三「自己の存在の根拠からの分離」による。自己の生きることの根拠を知らず、自己がどこから来て、どこへ去って行くのかを知らないままに暮らしている。それが、いのちの私有化による不安であり、罪であると。

いのちの私有化による自己の実体化は、同時に他者の実体化となり、そこに自分は自分、人は人という分離を生じ、他者との比較でしか自分の存在が実感できない生きかた、つまり絶えず他者と比較して、あるときは優越感、あるときは劣等感という両極を揺れ動く生きかたでしかない。

存在の根っこを切ったものは不安をかこつ。その不安が不満を生み、不満が孤独を生む。この不安↓不満↓孤独のありかたこそ、自我意識に生きる人間のまぬがれ難い根本罪であり、それを照らし続ける光が本願の名号であった。

ここに謗法の罪の重層性が浮き彫り化しよう。一つは、いのちの私有化の罪。何びとといえども私することのゆるされないいのちの公《おおやけ》性に対する冒瀆であり、傲慢の罪である。いま一つは、念仏を私する罪である。それは親鸞が「念仏をしながら、他力をたのまぬなり」（『一念多念文意』）と言った仏智疑惑の罪にほかならない。ここに言う疑惑とは日常語の「うたがう」という意味よりも、むしろ「心が定まらない」とか「惑い」とかを意味する語として、私心の限界を言いあてている言葉だ。いのちの私有化は、いのちの真実に闇《くら》い私心である。だがその私心は、同時に私心の闇《やみ》を透視する大悲の光（念仏）をも私心満足の手段として私する。それを親鸞は念仏（他力）に出遇いながら、私心（自力）がすたらぬではないか、念仏しながら私心が優先する生きざまこそ念仏誹謗の罪と、懺悔告白しているのであった。

消えてなくならないものが罪

仏典には罪について「滅罪」を説く。浄土三部経の中『観無量寿経』は、その顕著な経典の一つと言えよう。滅罪は、文字からは罪の消滅をあらわすから、一般には〝罪ほろぼし〟などと言って、罪が帳消しになることをイメージしがちだ。だが、なくなるものなら罪とは言わない。私は次の詩を想起する。

嘘の跡

あるところにひどく嘘をつく息子がいた／それを父が悲しんで／息子が嘘をつくたびに／涙とともに、座敷の床柱にクギを打ちつけた／長いあいだには／床柱に打ちつけられたクギは／たくさんの数になった／それを見た息子は／さすがに嘘をつかなくなった／そして本当のことを少しずつ言うようになった／父は喜び／息子が本当のことを言うたび／クギを一本ずつ抜いていった／床柱に打たれたクギが／全部なくなった時／父は言った／「おまえが本当のことを言うようになったので、この通り、床柱のクギが全部なくなった」／けれども息子は／「でも、クギの跡は消えることはありません」と／泣いた

（鎌数学『詩集・大きな手のなかで』より）

実に、なくならないからこそ罪なのだ。さきほどの五逆の罪一つをかえりみても、多くを言うをまたないだろう。わたしたちは念仏のひかりを仰ぐ（聞く）ところに、はじめて人間の五逆・謗法の罪に生きる現実を知らされるのだ。そこにその罪の身の痛み・悲しみだけが、わたしたちに真実のいのちを開いてくる。と言うのは、その痛み・苦しみをひっさげて教えに聞いてゆく歩みが始まるからだ。

例えば、差別の罪（これはさきの五逆の罪に該当する）。森羅万象には厳粛な区別がある。男性・女性……山川草木に至るまで。しかしそれは是非善悪を超え

た無色透明な事実である。それをエゴを質とする自我意識で、ことごとく色付け・価値付け——一例が男尊・女卑——するところに差別が生ずることとなる。ただ現実の差別現象は、この人間の自我意識（因）と、歴史的社会条件（縁）との出会いによって生起してくるのであるが、とくに差別の因で言えば、わたしたちが自我意識に生きるかぎり、価値付けする差別の罪のなくなるはずはない。だが、なくならない差別の罪を知らされ痛むところに、差別する罪の身そのままに差別をゆるさない生きかたを賜っていくことが始まる。

　その意味で滅罪は生きかたが変わることである。滅罪は罪の自覚として、その智慧だけがそれを乗り超える力となり、具体的に差別する自己と社会——自己は内なる社会であり、社会は外なる自己である——を問うていく生きかたを開くのだ。それを親鸞は「煩悩を断ぜずして涅槃を得る」（不《ふ》断《だん》煩《ぼん》悩《のう》得《とく》涅《ね》槃《はん》）と言った。

　親鸞は煩悩を断滅して自己を完成するという、それまでの仏教の理想主義的ありかたがもつ観念的な虚構性を見破った人だ。本願の念仏によってあくまで煩悩を引きずる現実のただ中で、むしろ逆に煩悩を知見する智慧の獲得によりそれを功徳と転じていく道（本願の仏道）に立った人であった。したがってそれは〝何が人間を主体化させる真実か〟、〝何が人間を没主体化させる虚偽か〟を見極めていく生きかたとなったことであった。御文に「十悪・五逆・謗法・闡提《せんだい》」の罪をくりかえし挙げ、弥陀をたのむ決断の信心がどこまでも「つみ」のめざめによる「回心懺悔」として成り立つことを強調していることは、親鸞の真実信心のこころを正しく継承した蓮如であったことを強く思う。

いま「懺悔」の語を引用したが、ここに至ってあらためて確認の意味で三木清（一八九七−一九四五）の遺稿『親鸞』の中から、次の一節を是非引用しておきたい。

懺悔と讃歎と、讃歎と懺悔と、つねに相応じている。自己の告白、懺悔は内面性のしるしである。しかしながら単なる懺悔、讃歎の伴わない懺悔は真の懺悔ではない。懺悔は讃歎に移り、讃歎は懺悔に移る、そこに宗教的内面性がある。（中略）懺悔は単なる反省から生ずるものではない。自己の反省から生ずるものは、それが極めて真面目な道徳的反省であっても、後悔というものに過ぎず、後悔と懺悔とは別のものである。後悔は我れの立場においてなされるものであり、後悔する者にはなお我れの力に対する信頼がある。懺悔はかくの如き我れを去るところに成立する。我れは我れを去って、絶対的なものに任せきる。そこに発せられる言葉はもはや我れが発するのではない。自己は語るものではなくて寧ろ聞く者である。

的確な指摘に感銘すると同時に、親鸞の次の和讃が燦然《さんぜん》と浮かびあがる。

無《む》慚《ざん》無《む》愧《き》のこの身にて
まことのこころはなけれども
弥陀の回向の御名なれば
功徳は十方にみちたまう
（『正像末和讃』）

異質なものへのめざめ——後生たすけたまえ——

「雑行をすてて、後生たすけたまえと、一心に弥陀をたのめ」の転換が意味するところを、いま一つ確認する要語として「後生たすけたまえ」の言葉が見逃せない。率直に言ってこの言葉は、御文の教化のスローガンと言ってよい意味をもつ。すでに一言した御文の時代教学の視点に立てば、何と言っても「後生の一大事」がその旗印と言えるからだ。確かに「後生」は御文の中で「今生」に対する言葉として用いられ、現世に対する来世、よりはっきり言えば死後の世を意味する。だが、ここに少なくとも次の二つのことを聞きとらねばならない。

一つは、絶え間なき戦乱とその混迷の中に、死の恐怖におびえながら生きねばならなかった戦国の世の人びとの逼迫した現実の不安であった。蓮如はそれを「後生の一大事」と的確に捉え、「夢まぼろしのごとくなる」人生の無常感を強調して「弥陀をたのむ信心」に人生の依る処を、そして「一期のいのちつきなば、ただちに真実の報土に往生す」と、人生の確かな方向を指示したのであった。御文が多用する「たのむ」「たのめ」の語が、依頼の頼でなく「憑依《ひょうい》」の「憑」であることは、一貫して「弥陀をたのめ」であって、弥陀にたのめでないことによって明らかだ。真の依り処とせよ（帰命《きみょう》せよ）の意である。

いま一つは、時代を超えて人間であるならという普遍性において、人間の根本命題を「後生」の一語に託しあらわしていることだ。それを「ふみ」は「出離生死のみち」「生死出離の一道」と指示しつつ、

人界《にんがい》の生《しょう》はわずかに一旦の浮生《ふしょう》なり。後生は永生《ようしょう》の楽果《らっか》なり。

（『五帖御文』二の七）

と明言する。ここに「後生」は水に浮かぶ泡のごとくはかない無常の人生（浮生）に対し、永遠の生たる浄土の生（成仏）であることを明かす。つまり、現世の問題は同質の現世からのものでは超えられない。現世ならざる永遠のまこ

と、異質なものとの出遇《であ》いによらねばならない。その異質さを現世ならざる後世・後生とあらわしているのでなかったかが、ここに読みとれる。

ならば、これを「雑行すてて」の決断にかえして言えば、浮生を祈る虚妄の生きかたから、浄土を願う真実の生きかた、願生浄土の道に出る（立つ）こと、「後生の一大事」とはそのことにほかならなかった。そこに浄土に方向づけられた、仏に成る歩みとして統一されていく人生が始まることであった。

そのように「後生」が単に死後の世・来世の意味を突き抜けて永遠の生であったことは、後生の所在がつねに〝いま・ここ〟であることを告げているからだ。なぜなら、永遠の生はそれゆえにそれにめざめるわたしたちの「信の一念」に自己を現わし、現在するからだ。過去からも切り離し未来からも切断した〝あとは野となれ山となれ、今さえよければ〟の刹那的現在しか知らないわたしたちに、真に過去を包み未来を含む永遠の現在、真実の今を賜ることが「後生の一大事」の内実であった。その意味で現在が救われることこそ、三世の救いにほかならない。

なお、確認のために一言加えたい。「後生」はたしかに字義的に「未来の生」を指している。だが、その永遠性からは無時間の「本来の生」を意味する。それを非本来の生の現実に立つ浄土教は、時間において「未来の生」と表現するのであった。この点、法然が死に臨んで門弟からの問いに答えたものと伝える次の言葉を想起する。

> われもと極楽にありし身なれば、さだめてかへりゆくべし
>
> （『法然上人伝全集』）

そうした「後生の一大事」の見開きであるからこそ、弥陀をたのむ内実を「たすけたまえ」と言い表わす。この一語は何としても人間から仏への請願・請求心のように思われて落ちつかず、現に様ざまな問題をかもしてきたという歴史をもつ。

だが、いまは何よりも曾我量深の次の指教に耳を傾けたい。

「後生たすけ給え」というと、請い求めるという意味から、すぐ祈りであるといい、祈りといえば自力の計らいだというけれども、そうではないと思う。（中略）それはつまり、無分別の分別というものであり、ほんとうに後生たすけたまえと全身全霊をもって仏をたのむ。仏を念じてゆくことは、同時に、「我をたのめ、必ずたすけん」の呼び声にふるい立たしめられ、感動したのであろう。それはもう、分別の意識ではない。無分別の分別であろう。受動をまっとうして、全身がふるい立ってくるのである。

だからこれは純粋感情である。言葉からみると意志や分別のようなれども、これは一つの象徴である。受動とは感情であるから、能動というけれどどこちらから仏におしかけるのでなくて、仏のまことを全部いただけば、いただいたところ、そこに如来のまことと全部が我われに生きて活躍してくるのが、名号を体とする至心というものである。

（『聞思の人　曽我量深集』上　東本願寺出版）

弥陀をたのむという決断がわれわれにとって単に消極的に如来の招喚にうなずくということでなく、自分の全生活を挙げて如来に向かう。まだ助からんから助けてほしいではなく、如来のよびかけに感動したその感動が積極的に如来に向かう「願」の意味をもつことであった。「たすけたまえ」はその意味で感動の象徴と言われるのだ。それだけに「二河譬」で言えば、「すでにこの道あり、必ず度すべし」の行者の決断をあらわして余りある表現でないだろうか。ここに弥陀をたのむ信心が全身全霊をもって起ちあがる歩み・行動化の伏線、またはその原点を見すえるべきに思う。

人間の真実の救いは、どこまでも自己と異質なものとの出遇いによることを、強く高く訴える蓮如の発遣であった。

第四章　『御文』がひらく新しい人間

一　「死」観の確立

死んだらどうなるか

戦乱と混迷のうち続くなか、死の恐怖と不安の生活とを余儀なくされ、生きる依り処も、生きる方向をも失った人びとに対し、真実の帰依処《きえしょ》とその方向を指し示す蓮如であっただけに、多くの「ふみ」を貫く蓮如のテーゼは、

ねがうべきは後生《ごしょう》なり
たのむべきは弥陀如来なり
まいるべきは安養《あんにょう》の浄土なり

（『五帖御文』一の一一より）

の三語に尽されるものであった。「ねがうべきは後生なり」はすでに言及した

ことからも、ここに言う「まいるべきは安養《あんにょう》の浄土なり」と重なることであった。すでに後生が字義的に今生に対する後生であるかぎり、そこに人間が引きずり続ける古くしてつねに新しい問題、〝死んだらどうなるか〟の問いが孕《はら》まれていることは、時機の課題を「後生の一大事」と捉えた御文の時代教学性からも見落せない。

〝死んだらどうなるか〟。人類の歴史を貫き流れるこの問いに対して、わたしたちはつねに答えを要求する、しかも性急に。だが、仮りにそこに一つの答えを聞かされたとしても、それがこちらの問題の解決になるか否かは、別問題である。言うまでもないことであるが、それを批判するにしても、受容するにしても、こちらにそれだけの問いが熟していなければ、頭の体操で終るしかないからだ。近年様ざまな分野の人たちが、この問題に対する一つの解答を公刊している。例えば作家の五木寛之はその著『元気』に、この命題を取りあげて次のように述べている。

死とは「いのち」の帰還である。「たましいの故郷」としての「元気の海」への帰還である。そう思うことができたなら、その時はじめて私たちは「元気に生き」、「元気に死ぬ」ことができるだろう。

ここに言う「元気」は漢語としての「万物を生成する根元的な精気」、つまり生命の根源、万物を育む天地のエネルギーの意味であり、著者はそれを親鸞にならって「海」にイメージすると言う。続いて、

人は天寿には逆らえない。天からのあたえられた寿命をまっとうする最後のその日まで元気に生きるにはどうすればよいか。「ものの考え方を変える」それが根本だというのが私の結論だ。

と言い、その方法として諦念（直視する）、観念（思い考える）、放念（こだわらない）の三つを挙げている。

もとよりこれは著者自身にとっての答えであろうから、その分読むこちらの問いの成熟度、深化度が問われる。われわれの日常は「死」を考えない、思わないというありかたで流れているが――だから生きていながら空しさが？――、それはかえって死への恐れ、自分がこの地上から消え去ることへの恐怖を引きずることを意味していないか。

自分にとって「死」とは何か

釈迦の遺教に照らすとき、釈迦は「死んだらどうなるか」の質問には答えていない。これを返答形式の一つ、「捨置答《しゃちとう》」と言う。それは答えることによって逆にそれが誤られていくと考えられる場合、あるいは答える意味や必要性が感じられない場合は、文字どおり質問を捨置するというかたちである。いわば答えずという答え、不答の答と言おうか。もしも釈迦が、人間死んだら終り（断見《だんけん》という）と答えれば、虚無の人生に堕ちることになろうし、反対に死んでも霊魂が存続する（常見《じょうけん》という）と答えれば、霊に呪縛されていく人生となろう。その意味で釈迦はそのいずれの見解をも、生きる立場としない知見の習得を説いたのであった。実に霊魂不説（滅・不滅の両極を非とする）の智慧であって、虚無と呪縛とからの解放に人間の真に人間らしく、主体的に生きるすがたを見すえていたのであった。それは人間の真実の生きかたとしての「中道」の開顕にほかならなかった。

ここに言えることは、仏教は「死んだらどうなるか」の死後観よりも、「死はわたしにとって何か」の死観の確立であったと。その点、親鸞は『教行信証《きょうぎょうしんしょう》』に、

臨終一念の夕《ゆうべ》、大般涅槃《だいはつねはん》を超証《ちょうしょう》す。

と明言する。死は大般涅槃を全現（成仏）する時だと。つまり死は自分にとって、自分が自分であることを果たし得た（完全燃焼）こと、生まれたことを果

たし遂げたことだと。いま蓮如はこれを追体験して御文に、

　一期のいのちつきなば、ただちに真実の報土に往生すべきこと、そのうたがいあるべからず。（『五帖御文』三の四）

と、くりかえし告げ、「いのち終るとき」「かならず、かならず阿弥陀の国に生まれて、自我の汚濁から解放された純粋な仏となる」（『五帖御文』五の七・訳）と強調するのであった。

　では、なぜそのように言い切れるのか。それが現在ただいまの弥陀をたのむ決断の信に立つからでないか。さきほど問いの成熟と言ったが、それは何よりも問いそのものの問いかえしである。つまりわたしたちの日常性は万事〝どうしたら〟という対症療法的発想を出ない。いつも目先の処方箋を期待する感覚でしかない。それが方向転換して〝なぜか〟という自分自身への問いかえしとなることだ。現に生きていながら、なぜ〝死んだらどうなるか〟と、死後が問

題になるのか。実は生きていること自体が不明だからではないのか。生きる意味もわからぬままに、ただ生きている、否、動いているだけ。いま・ここに、生きてあることの意味を明らかにせずして、過去が、未来が判然とする道理はない。

御文の「雑行《ぞうぎょう》をすてて一心に弥陀をたのめ」は、実にその関門にほかならなかった。したがって「まいるべきは安養の浄土なり」は、雑行をことごととする「わがみをたのみ、わがこころをたのむ、わがちからをはげみ、わがさまざまの善根をたのむ」無明性を透視する本願念仏への帰依に開かれる人生の方向を告げるものであった。ならば、「臨終一念の夕、大般涅槃を超証す」、「いのち終るときほとけとはなるべきなり」は、死んだらさとるの意味ではない。だらの分別が介入すれば「さとり」と言っても、すでに実体化され対象化された観念的なさとりでしかない。

真実のさとり、「大般涅槃」が本質的に如来のさとりであることは、「死」がわたしたちにとって「生」の円成《えんじょう》として如来のさとりに入る（成仏）時だと言えるいのち観に立つことではないか。そこにこの世が、涅槃するいのちの歩みとして、大般涅槃に方向づけられた人生と言われる必然性がある。その意味で「まいるべきは安養の浄土なり」は、どこまでも「たのむべきは弥陀如来なり」にひらかれる生きる方向であることを銘記したい。

終りから始まっている

この間のもつ意義の確かめを、もう一言加えたい。それは親鸞が弥陀の本願にもとづいて、

真実信心うるひとは
すなわち定聚《じょうじゅ》のかずにいる
不退のくらいにいりぬれば
かならず滅度《めつど》にいたらしむ
（『浄土和讃』）

と和讃していることである。ここには「ほとけになるべき身とさだまれる」ことを「定聚のかずにいる」と言い、「まことのほとけになる」ことを「かならず滅度にいたらしむ」と歌う。この二つは、一つの成仏道の二つの位であって、前者は「因位《いんに》」であり、後者は「果位《かい》」である。御文で言えば、「弥陀をたのむ信心」は成仏道の因位、涅槃するいのちを生きる者となったこと。「いのち終るとき仏とはなる」はその歩みの極まりとしての果位である。しかもこの因果二位のつながりを、「正定聚《しょうじょうじゅ》に住するがゆゑにかならず滅度に至る」と言う。

本来、「必ず」は自然・必然を意味して、異質な二者間では成り立たないことである。早い話が「米は必ず麦になる」はありえない。「必ず」はどこまでも同質間で言えることであって、「米は必ず米になる」は自然・必然である。もしわたしたちの自我の心を因として成仏の果を得るというならば、「必ず」の根拠はどこにも見いだせない。本願念仏に賜る信心（因）なればこそ、必ず仏のさとりに至る（果）のである。

だが、因果同質と言っても、そこに因と果との分限の異なりのあることは言うまでもない。譬えば、信心は花の位であり、成仏は実の位である。ならば、花が開いて実を結ぶの意味からは、獲信《ぎやくしん》と成仏とは異時の因果にある。けれども花と実が同質であることからは、時間的に後に位置する実が、時間的に先に位置する花を咲かせている同時因果であることを忘れてはならない。

いまこれを「二河譬」にかえして確認すれば、東岸（穢土《えど》）をさまよい追いつめられた旅人が、西岸（浄土）に向けて架けられた四、五寸の白道（本願念仏）を唯一つのわが進むべき道として決断する（弥陀をたのむ信心の行者）。この場合たしかに白道は此岸から彼岸への架け橋として、決断の行者の渡る橋にちがいはない。だが、その決断をなさしめる根源からはむしろ彼岸から此岸への架け橋として、旅人の渡る橋どころか、逆に阿弥陀が渡り来る橋であったのだ。彼岸の浄土が南無阿弥陀仏としてわが足元に到り来たったすがたこそ、この道一つの決断であった。

わたしたちは彼岸に到る（浄土に往生する）と聞けば、とかく彼岸に向かって突き進むイメージをもつけれども、人生が彼岸に方向づけられたことは、むしろ彼岸の真実に支えられて此岸の人生を歩みきることを意味する。ならば、歩みの極まりとしての彼岸が、すでに歩みの出発点にはたらいているのであった。まったく「終りから始まっている」歩みと言わなくて何であろうか。この獲信（正定聚）と成仏（滅度）の立体的構造性から親鸞は、これを「現生正定聚《げんしょう》」と受けとめ、蓮如は「平生業成《へいぜいごうじょう》」と了解し、「いま・ここ」の救いの完結性を強調したのであった。蓮如の次の言葉を聞こう。

念仏申すのは、弥陀に救われたことのありがたさよと信知して申すべきか、あるいは必ず救ってくださることのありがたさよと信知して申すべきか、と門弟の空善《くうぜん》が尋ねたところ蓮如は、いずれも結構なうけとめかたである。それと言うのも、この身が正定聚に住することとなったという点からは、すでに救われたことをよろこぶことであり、滅度のさとりをひらくという点からは、救ってくださることのありがたさよと信知して申すほかはない。どちらもこの身がやがて仏になることをよろこぶこころであるから、いずれも味わい深い、と言われた。（『聞書』一八・訳）

作者不詳の次の詩が、とても響く。

生きたくても　死なねばならぬ
死にたくても　生きねばならぬ
生死を忘れるとき　生活は浮き
生死におびえるとき　生活は沈み
生死をみつめるとき　生活は耀《かがや》く

二　念仏もうす身に――社会倫理を開く

称名の主語は誰か

顧みると御文には「浄土」という言葉よりも、「極楽」という言葉が多く見られる。それだけにその誤りなきを期してか、随処に念の入った表現をみる。例えば、

人間は不定《ふじょう》のさかいなり。極楽は常住の国なり。されば不定の人間にあらんよりも、常住の極楽をねがうべきものなり。（『五帖御文』五の一一）

と、その永遠真実の世界であることを示すばかりか、それをよりはっきりと、

「「極楽はたのしむ」と、聞きて、「参らん」と、願いのぞむ人は、仏にならず。弥陀をたのむ人は、仏になる」

（『聞書』一二三）

と釘をさす。

いま「弥陀をたのむ」信心に、「まいるべきは安養の浄土なり」と彼岸に方向づけられた新しい生活を、蓮如はもっぱら「念仏もうさるべし」と称名念仏の一つをもって提示したのであった。いま一例をとれば、

さてその他力の信心というは、いかようなることぞといえば、ただ南無阿弥陀仏なり。この南無阿弥陀仏の六つの字のこころをくわしくしりたるが、すなわち他力信心のすがたなり。

（『五帖御文』三の二）

として、称名念仏こそ信心の根拠だと言い、同時にまた、

かくのごとくこころえたらんひと、名号《みようごう》をとなえて、弥陀如来のわれらをやすくたすけたまえる御恩を、雨山にこうぶりたる、その仏恩報尽《ぶつとんほうじん》のためには、称名念仏すべきものなり。（同前）

と述べて、称名念仏が信心の表現であると言う。まったく称名念仏を離れて何ものもないことを、はっきり語る御文である。では、わたしたちにとって「称名念仏」はいかなる出来ごとなのか、ここにあらためて教えのうえにたずねよう。

称名念仏の問題でもっとも問われる一点は、称名の主語と言えよう。南無阿弥陀仏の名号を称える主体は誰かということである。称名念仏の根拠はもとより阿弥陀如来の「称名の本願」にある。それは「わが名を称え、わが国に生まれよ」の本願であって、如来がわが名すなわち南無阿弥陀仏と称える称名に万人の救いを誓うものである。しかもその本願がわたしたちに至り届いた事実（本願成就）を、親鸞は『教行信証』「行巻」に、

一声《ひとこえ》の称名念仏で救われる　（行の一念釈の取意）

と言う。あらゆる複雑さをくぐった浄土真宗の単純の極まりである。

ところがこれを聞くわたしたちは、〝一声どころか、十声・百声と称えているではないか。なぜ救われないのか〟。ここに称名念仏の一大関門がある。それこそ親鸞がすでに「諸仏称名」と仰いでいる一点である。称名の主語はどこまでも「諸仏」なのだ。なぜなら、南無阿弥陀仏（言葉に成った仏）を真に称揚讃嘆できるものは仏だからだ。凡夫にできることでは決してない。

にもかかわらず、わたしたちは称名について無意識裡《り》にわたしたち自身を、称名することのできる存在として聞いてしまっていないか。それゆえに「一声の称名で救われる」という易行の極まりも覆われるほかはない。と言うことは、「諸仏称名」を「衆生称名」に鷲づかみしている自分だからでないか。「諸仏」とはわたしたちに先だって南無阿弥陀仏に生き、わたしたちを無上仏道に立たしめる先達・先輩である。その先達・先輩の称名がもっとも身近には、わたしたち一人ひとりのこの口業にまで来たり現われている名号であった。それゆえ称名はいつでも・どこでも・誰のうえにあっても諸仏称名のよびかけであり、本源的には阿弥陀如来のよび声である。ただわたしたちは聞くのみ、「衆生聞名」のほかはない。この点を親鸞は、端的に、

名号を称すること、とこえ、ひとこえ、きくひと　（『一念多念文意』）

と、告げている。

称名の超越性

だが、この親鸞の言わんとするところが、わたしたちには容易に受け取れない。なぜなら、「とこえ・ひとこえ」とあるからには、わたしたちの行為ではないかとの分別が超えられないからだ。たしかに現象的にはわたしたちの口に

発声される念仏にちがいない。でも、だからと言ってそれを人間の行為として鷲づかみするかぎり、いかに念仏しても救いにならない、如来が不在だから。如来は人間に「とこえ・ひとこえ」と名告《なの》る、それを人間は唯「きく」のみ。したがって「とこえ・ひとこえ」のほかに「きく」があるのでなく、「とこえ・ひとこえ」即「きく」事実として、「とこえ・ひとこえ」はどこまでも所聞の法（聞くところの法）である。それは質的に「仏」の所属の称名を、「凡夫」の所属にする（私有化）ことへの懺悔《さんげ》として聞かれる「法」である。その意味で「法」（仏）から言えば「称名」、「機」（人間）から言えば「信心」、一つの称名念仏の事実がもつ超越性と内在性との相即である。

ここに至って称名は、もはや称えごころの問題でなくなった。たしかに親鸞は「ただ念仏して」の法然の教えとの出遇いによる足下に、「念仏する心はいかなる心か」と問いかえした。だが、それによってかえって人間からの如実の称名の不可能さに気づかせるはたらきとして、われに名告っていた如実の称名（諸仏称名）に回帰したのであった。それゆえ称名はどんな動機（身近に言えば、口ぐせ・あてこすり・腹立ちまぎれ等）からであろうとも、この口にあらわれた念仏はすべて所聞の法。如来の喚《よ》び声であり、ゆえに如来の来現だ！　この驚き。この驚きのほかに、「きく」の信心はない。「唯念仏して」の易行の極まり、真宗仏教の極意と言えよう。蓮如が、

あら、こころえやすの安心《あんじん》や。また、あら、ゆきやすの浄土や。

（『五帖御文』二の七）

と感嘆したゆえんでなかったか。

その文脈から、御文に称名念仏がひとえに仏恩を報謝する行為だと繰りかえし強調することの本意も、当時の教界にみる称名念仏を救いの手段とするうけとめかたへの批判としての教えであったことを忘れてはならない。したがって「報恩の称名」ということの本義は、親鸞に照らして蓮如も明言するように、

信心をうるすがた、すなわち仏恩を報ずるなり　（『空善記』）

である。獲信が仏恩にこたえる意味で「報恩の称名（信心）」と成るのであった。繰りかえすようだが、だからこそ称名念仏はつねに「所聞《しよもん》の法」なのだ。

かつて三重の桑名に柿沢こまつという篤信《とくしん》な人がいた。その人についてわたくしが忘れられないことは、つねにその人の口が動いていたことであった。もちろん称名念仏である。だが、その人は一度も念仏をとなえるとか、となえさせていただくとか言ったことがなかった。ただ桑名の方言で「よんどっておくれる、よんどっておくれる」（よんでくださっている）、それ一途であった。称名念仏が意識的に報恩の称名などでなく、どこまでも如来の喚び声として、弥陀をたのむ決断の反復の生活であったことを、いまも新鮮に偲ぶ。

それにつけてもわたしたちは称名念仏を、〝念仏ぐらいなら、となえることもあるよ〟と、自分のとなえものとして私している。だから、いかに「とこえ・ひとこえ」口にしながらも如来が不在で救いにならない。

近年、教団内においてよく耳にする発言として、「かつてのように、お念仏の声が聞かれなくなった」という声がある。「法座《ほうざ》（法話が行なわれる場所）に参詣しても、親戚の法事に参列しても、もはや念仏の声が聞かれなくなった」と、反省とも歎《なげ》きともつかぬ声を聞く。そんなことから勢い「もっとお念仏をとなえましょう」「大いに声に出してお念仏しよう」などという発言も飛び出してくる。

だが、「念仏ぐらいなら、となえているよ」の意識からすると、念仏はとなえようと思えばとなえられると思っている。しかし果たしてそうだろうか。現に多くの人が身におぼえのあることであろう。「念仏するなんて、まして声に出してなど、人前で格好がわるい」との恥ずかしさから、「念仏なんぞ弱虫の悲鳴だ、となえるものか」と強がるありかたまで、実に様ざまなはからいがつきまとう。とても簡単にとなえられるものではない。このように言えば、また「となえたくなければ、となえずにおけばよい」となるかもしれない。しかしそれはいずれも、わたしたちの分別はからいでしかない。

石川県の藤原正遠作の次の一首が想起される。

いずれにも　行くべき道の　絶えたれば
口割りたもう　南無阿弥陀仏

念仏に自力・他力の別が説かれるのは、すべて人間からのかかわりかたによることであって、念仏そのものに自力・他力の別があるはずはない。いまの一首からわたくしは「出る念仏」と「出す念仏」の違いを教えられる。「出る」は自然・他力、「出す」は人為・自力。「念仏」がいずれも如来の名告りであるかぎり、その名告りの意味からは「出る念仏」にこそ人間の救いが象徴される。だが、如来の名告りの念仏は、「出す念仏」も、「出る念仏」と転じてやまない仏願力の念仏なのだ。

念仏は出そうと思って出せるものでもなく、出さずにおこうと思って出さずにおれるものでもない。という厳粛さからは、出せなくとも、否、出さなくともの議論でなく、何よりも出せない、つまりとなえられない自分を教えに問うことから始めるほかはないだろう。ということは、「念仏の声がしない」という意見も、単にそれを外にながめている沙汰でなく、かえって一人ひとりが念仏の声の聞こえない（となえられない）自分自身を問う痛みを出発とすることでなければならない。

われら何をなすべきか

蓮如が御文に提示している課題は大きく二つに集約することができる。一つは念仏に生きる者の主体の確立であって、これまで主として述べてきた弥陀をたのむ決断に極まる信心獲得の課題である。いま一つはその念仏者が、どのようにこの世を生きるのかという信心と生活の課題である。しかも後者の場合、その信心が生活として歩まれてゆく基本のところで注目すべきことが、称名念仏の勧めであった。しかしその点、御文は称名念仏の勧めのみをもって示すばかりで、他に具体的な実践の提起は何も見られない。現代社会の諸状況の中で、〝われら、いかに生くべきか。われら何をなすべきか〟と、とくに宗教者の社会倫理がひときわきびしく問われている現代、素通りできない問題である。

ならば、御文にそれをたずねることはできないのだろうか。否、実は大切な視点のあることに気づく。それは、

このほかに別の仏をたのみとしたり、またほかの功徳や善根を励んでも、何の役に立ちましょうか。ああ、なんと尊いことでありましょうか。ああ、なんと有難い弥陀如来でありましょうか。このような雨山のごとき広大な御恩を、どのように報謝すべきでありましょうか。ただただ南無阿弥陀仏、南無阿弥陀仏と声にあらわして、その恩徳を深く謝すばかりと心得てください。

（『五帖御文』三の四・訳）

と語ることからも、称名念仏がつねに諸善万行との選びに立つ勧めであったことだ。その視点から次の「ふみ」は殊のほか注意すべき内容だ。

南無阿弥陀仏という念仏そのものには、あらゆる神々・あらゆる仏・菩薩も、そのほかすべての善根・功徳も、ことごとくみなこめられている。それゆえ、何の不足があって余行・余善に心をとめる必要があろうか。すでに南無阿弥陀仏という名号は、すべての善、すべての功徳の総体であるから、いよいよ心強いことである。

（『五帖御文』二の九・訳）

このように述べる背景には「名号はあらゆる功徳善根の帰結するところ」という法然の教えと、さらにそれをうけた「称名念仏は、もろもろの善行を摂《おさ》め、もろもろの功徳を具《そな》える」と讃嘆する親鸞の言葉との重なりが思われる。ここには何よりも称名念仏がよろずの善根・よろずの実践を具備する「総体」だと言う。果たしてどこでそのようなことが言えるのだろうか。

くりかえすまでもなく諸善万行は、人間が自らの至福のためになすところのもろもろの善行であった。だがそれは、どこまでも人間に立場した人間の努力であるかぎり、真に人間（自他）の救いとならないことの信知（機の深信《じんしん》）に立つことであり、それが「雑行をすてて弥陀をたのむ」決断の内実であった。この関門をくぐらずして単に念仏がよろずの善根の総体だと言えば、それこそ人間の独断であり、偏見として、〝念仏のかつぎ屋〟にすぎなくなるだろう。照射されれば人間を立場とした善行であるかぎり、のがれえない限界が見える。それは人間心に始発する善行は報われなければ必ず愚痴になる、怨み節になる、という人間善の終着性をごまかしなく透視する南無阿弥陀仏への帰命に、諸善万行をかぎりなく雑毒の善行と変質させていた自分を知らされるのであった。それゆえそこには逆に諸善万行が南無阿弥陀仏の具体的な生活実践として蘇生されてゆくことが始まるのであった。

　これを親鸞によって蓮如も深く導かれた善導（真宗伝統の第五祖）の五正行（浄土に生まれる五つの実践＝読誦《どくじゅ》・観察《かんざつ》・礼拝《らいはい》・称名《しょうみょう》・讃嘆供養《さんだんくよう》）説にみる「正業《しょうごう》」

（称名）と「助業《じょごう》」（余の四業）の提示から言えば、諸善万行の助業化にほかならなかった。それもそのはず、諸善万行を除いて具体的な生活実践はないからである。その点、「助業」が称名念仏の「正業」に生きる生活を助長する行為となる意味で、それはかえって称名念仏の具体的な実践内容となる道理である。

　ということは、気づいてみれば万事ためにする手段としての万善を、自己を尽す報謝の営み、目的的行為として基礎づけられてゆくはたらきが称名念仏の「正業」なのだ。それゆえ蓮如はそれを簡潔に、「この名号は衆行の根本」（念仏はあらゆる善行を真に純化する根本的はたらき）と言いあてている。しかもこうした新しい生をさらに具体的に、

> 仏法には、ためにする心がつねに問いかえされねばならない。それは自分の努力・善行をたのんで仏のこころにかなおうと思う心だからである。仏法においては万事が仏恩に対する報謝の営みと心得ねばならない。
>
> （『聞書』一三五・訳）

また、

万事につけ善いことを思いつくのは如来の御恩によることである。また悪いことを思いすてるのも如来のご恩による。だから考えついた悪いことをすて、善いことを取ることができるのも、いずれもみな如来のおかげである。

（『聞書』二九八・訳）

等と語り、念仏に生きる者の生活がはっきりと万善創造の実践であることを強く訴えている。

真の出遇い

そうした万善創造の生活は、これを慈悲の実践、愛の実践と言いかえてよいとすれば、ここに何よりも『歎異抄』第四条「慈悲に聖道・浄土のかわりめあり」の一条を思いあわす。よく読まれている箇処であるが、確認の意味で意訳で掲げれば次のようだ。

慈悲に聖道自力の道でいう慈悲と、浄土他力の道の慈悲とにはちがいめがある。聖道の慈悲というのは、生きとし生けるものをあわれみ、慈しみ、育てようとする心である。しかしながら、それは思いどおりに救いを完遂することは、極めて困難である。浄土の慈悲というのは、阿弥陀仏の本願に信順し、何よりも優先して生死を出離し、阿弥陀仏の大慈大悲に立脚すれば、生きとし生けるものを摂取してやまぬ仏の大悲心が確信される。この世でどんなにいとおしく、かわいそうだと思っても、すでに存知のごとく救い遂げることは困難であるから、聖道の慈悲には始まりも完了もない。それゆえに、念仏に生きることだけが、徹底した大慈悲心であると言うことができる、と親鸞聖人から承った。

ここには一見、慈悲に聖道のそれと、浄土のそれと、二種類があるかのように読めるがそうではない。「かわりめ」とは立場の異なり、つまり人間の立場と仏の立場と。したがって「慈悲に人知の立場から仏智の立場への転換（回心）あり」である。

「慈悲」という言葉の原意は、「慈」はmaitreya《マイトレヤ》、友愛。「悲」はkaruṇā《カルナー》、呻《うめ》きと言われる。友愛はもとより真に対等であることによる人格と人格との出遇いである。もしそこに一点の優越感もしくは劣等感が介在すれば、出遇いは成り立たない。したがって真の出遇いの内実こそ「悲」、カルナー・呻きなのだ。つまり同苦の心である。苦を同じくする心、それはわれわれにとって自分の問題を他者のうえに見いだし、他者の問題を自分に見いだす感性と言えよう。したがってそれは決して上から下へ向かっての行為ではなく、同一のいのちにめざめた共にの行為的姿勢にほかならない。

すでに述べてきたことからも、人間心を立場とした慈悲にあっては、同情はわかっても同苦の心はわからない。つきあいはできても、出遇えない。真に出遇える感性（仏智）こそ、われわれの社会倫理の根本にちがいない。それが蓮如の「念仏もうさるべし」の勧めの内実でなかったかと思われる。

称名はいさみ（「精《いさ》み」。精進の意）の念仏なり。信のうえはうれしくいさみてもうす念仏なり。

（『聞書』五一）

と、称名念仏の活力性の告白も、ここに首肯される。

三　神祇追従からの解放

日本民族固有の神祇信仰

御文のキーワード「雑行をすてて後生たすけたまえと一心に弥陀をたのめ」の発遣は、決して教義学的関心からのものでなく、生活そのものに密着した提示だった。それが証拠に「雑行をすてて」の表現は多くの「ふみ」に繰りかえすが、それについて教義学的な分別沙汰は何ら加えていない。その端的な一文を、いま一度注視したい。

さて雑行というは、なにごとぞなれば、弥陀よりほかの仏（余仏）も、またその余の功徳善根（余善）をも、また一切の諸神（神祇《じんぎ》）なんどに、今生においで用にもたたぬせせりごと（身勝手な）をいのる体《てい》なることを、

みなみな雑行ときらうなり。（帖外御文、カッコ内筆者）

この一文が告げるところの雑行を、「諸神諸仏に追従《ついしょう》（へつらう）もうす心をみなうちすてて」と言い、「自余の一切の諸神諸仏等にもこころをかけず、一心にもっぱら弥陀をたのみて」と繰りかえす。蓮如は弥陀をたのむ決断を、ひたすら「神祇に追従する」ありかたと対峙させて語るのであった。

人間は人生の様ざまな出来ごとについて、自分の能力や考えで処理できるうちは馬脚をあらわさないが、いったん自分の手にあまる難儀なこと、恐ろしいこと、激しいことに遭遇すると、たちまちに知性も教養も吹っ飛び、そこに何か自分の運命を操っているものを想定せずにいられない。しかもその想定した何か、いわば不気味な力・恐ろしい力・大きな力を実体化し対象化して畏敬していくことにより攘災《じょうさい》招福を願っていく。そうした人間の生まれながらに保有する恐怖心・畏敬心の投影として、もろもろの神祇を生みだしていく。それだけに神祇はズバリ「霊」であり、いわゆる「自然霊」と「死霊・祖霊」と言われるものに集約される。

その意味で御文が言う「神祇追従」とは、自分の受けた「身」の現実が引き受けられず、いちずに外の力を畏敬して攘災招福の現世利益を祈るありかたのことである。蓮如の繰りかえす「雑行・雑修」は、そうした日本民族固有の神祇信仰、つまり日本民族の体質的な生活姿勢を指している。しかもさらに問題を複雑化していることは、そうした神祇追従の生きかたがそのまま日本民族の人倫の大本、生活規範として善行化しているため、生きかたとしての欺瞞《ぎまん》性を容易に気づけなくしていることだ。

さらにその点は、よりきびしい問題を引き起こす。それは神祇追従の生活姿勢が、地域共同体あるいは生活共同体の習俗として、人びとに強制力をもった分、「雑行をすてて」の蓮如のテーゼは世間の秩序への挑戦とも言えることであった。したがって秩序の維持をつらぬこうとする体制側には看過できない事態であったことは容易に察せられる。

習俗と仏道

ここで注目したいのは真宗伝統の第三祖・中国の曇鸞《どんらん》にみる習俗と仏道の問題である。親鸞が「正信偈《しょうしんげ》」に讃えるところを、蓮如もその著『正信偈大意』に深く心をとどめて述べている。それは曇鸞が浄土の教えに帰依した回心をめぐって伝える一節である。まず、

かの曇鸞大師、はじめは四論宗にておわせしが、仏法のそこをならいきわめたりというとも、いのちみじかくは、ひとをたすくることいくばくならんとて、陶隠居《とういんきょ》（道教界の大御所）というひとにおう（会）て、まず長生不死の法をならいぬ。（カッコ内筆者）

と記す。

たしかに当時の医・薬方術と宗教信仰との混然としたありかたからは、曇鸞

が長生不死の仙法を求めたことも直ちに呪術信仰と結びつけるのでなく、むしろ健康回復のために当時の習俗的常識にしたがったものでなかったかという見方もできる。だが、だからこそその分、曇鸞も気づかぬ問題の深層性がここに凝視されねばならないことを思う。

この点、今日のわたしたちにとって、とても考えさせられてならない。と言うのは、わたしたち日本民族の場合、習俗化した神祇信仰の中で本願念仏の教えに帰入することの決断がもつ死角性の問題である。例えば、年来「真宗門徒の証《あかし》」が問われてきた中で、〝自分は真宗をすてて神祇を信仰するわけではない。地域のつきあい上かかわっているだけ〟とか、〝自分の信念は念仏にある。だが、先祖から崇拝してきた神祇だから、ただ敬っているだけ〟とかの発言をよく聞く。いまこれを短絡的に曇鸞の場合と結びつけることには異論もあろうが、問題の本質性においては共通するものを感ずるが、いかがだろうか。わたくしはここに曇鸞の民族性を思わずにいられない。

続いて蓮如は、

すでに三年のあいだ仙人のところにしてならいえてかえりたまうに、そのみちにて菩提流支《ぼだいるし》ともうす三蔵《さんぞう》にゆきあいてのたまわく、「仏法のなかに長生不死の法は、この仙経《せんぎょう》にすぐれたる法やある」ととい たまえば、三蔵、地につばきをはきていわく、「この方《ほう》には、いずくのところにか長生不死の法あらん、たとい長年《ちょうねん》をえてしばらく死せずとも、ついに三有《さんぬ》に輪回《りんね》すべし」といいて、すなわち浄土の『観無量寿経』をさずけていわく、「これこそまことの長生不死の法なり、これによりて念仏すれば、はやく生死《しょうじ》をのがれてはかりなき命《いのち》をうべし」とのたまえば、曇鸞これをうけとりて、仙経十巻をたちまちにやきすて、一向に浄土に帰したまいけり。

と、曇鸞の回心を記している。ここには仏道に専念したいがために長寿の法を求めたという曇鸞の心情に巣くう死角が、みごとに菩提流支によって射抜かれているることが看て取れる。

それは「仏法の中に、この仙経にまさる長生不死の法があるか——おそらくないだろう」という、得意満面な曇鸞の一言がもつ曇鸞自身も気づかない無明性が言いあてられている。つまり「仏法のそこをならいきわめ」ながらも、神仙の方術に心ひかれたことは、仏道を求めることが、生きることと自分の中で同一化されきっていない二心《ふたごころ》の所為でなかったのか。にもかかわらず、否、だからこそ、民族的功利信仰をも仏道に専念するがためという無意識裡の正当化において毫《ごう》も疑わなかったのでないか。それがいま遂に、絶対の自足を促すいのちの真実に背くすがたとして、ごまかしなく照らしだされたところに、「仙経十巻をたちまちにやきすて」る決断となって、照らしだした真実への帰依が現前したのであった。

ここにして、あらためて言おう。蓮如の「雑行をすてて……」の促しは、人間の自立を願うものとして、没主体的な神祇追従の生きかたからの解放であった。その意味で日本民族の極めてプリミティブな宗教心を、我欲手伝う仏いまいさずと真に仏教的自覚に純化した蓮如の単純明解な切り込みは、実に親鸞精神の普遍化・民衆化として高く評価されることと言えよう。

蓮如のそのような教えによって勇気づけられる人、めざめて立ちあがる人、そうした人が増してゆくなかから、旧仏教や在地権力への批判の声が、さらにまた旧《ふる》い支配体制からの解放を願う一揆のエネルギーが醸成されていったとみることもできるだろう。その意味では下剋上の道理が蓮如の教化によびさまされた人たちによって広まっていったということも、あながちあやまりとは言えないのでなかろうか。

生活規範としての「掟」

では、そうした神祇追従の生きかたからの解放は、具体的にいかなる生活として歩まれてゆくのだろうか。蓮如が語る生活規範をあらためてたずねよう。まず、「ねてもさめても、いのちのあらんかぎりは、称名念仏すべきものなり」、これが基本であろう。前項に述べたところであった。ならば、その具体的生活行為は如何か。御文は〝掟のごとく生きよ〟と提示しているのでなかったか。

ここではその点について注目したい。

蓮如は「ふみ」に、

いよいよ公事《くじ》をまったくすべし。（中略）ことにほかには王法《おうぼう》をもっておもてとし、内心には他力の信心をふかくたくわえて、世間の仁義をもって本とすべし。（『五帖御文』二の六）

ことに、まず王法をもって本とし、仁義をさきとして、世間通途の義に順じて、（同　三の一二）

等と繰りかえし訴える。ここに言う「王法」が「仏法」に対する「世法」のことであっても、具体的に何を意味するかは必ずしも「ふみ」のうえに明らかではない。史家によれば、未だ公的に「法」と言われるものが存しなかった当時、人びとの生活する村の掟など、民衆の中から生まれた民衆の公の観念としての「大法《おうぼう》」を蓮如が「王法」と呼んだのであろうと。

その点、いま「ふみ」のうえから言えることは、様ざまな「掟」を提出するうえに看て取れる「法」である。例えば、権力的には「守護・地頭」、宗教的には「諸神・諸菩薩」、生活的には「世間の仁義」等である。ならば、「ふみ」にみる多くの「掟」は、「ふみ」に言う「王法」の具体的内容として注目されるが、そのほとんどが制誡的であった事実は「掟」が単に社会体制や習俗への追随とか擁護とか言うよりも、むしろ仏法を「内心に深く蓄え」た生活の宗教的意味を明らかにしようとしたものでなかったかと思われる。

それと言うのも、「ふみ」による「掟」の発信は多く吉崎在住期に集中している――その背景に一揆の緊迫した状況が思われもする――が、三ヶ条・六ヶ条・八ヶ条・十ヶ条等と、箇条建てで掲げる掟の中に多く「真実信心を獲得すべきものなり」と数えることに注意したいからである。それは掟が、信心に生きる具体的な生活行為または行動としての「さだめ・きまり」を意味するものである以上、掟に信心を獲得すべきこと、と挙げることは不必要または不自然にさえ思えるからだ。だが、この点に逆に聞きとるべきは、「ふみ」にみる多くの「掟」が人間の分別の立場に始発する規範でなく、かえってそれを自覚的に突き抜けた真実信心に根拠した規範であることを意味するものでないか。その点、

聖人の御一流は、阿弥陀如来の御掟《ごじょう》なり。されば、『御文』（四帖九）には、「阿弥陀如来の仰せられけるようは」と、あそばされ候う。（『聞書』七六）

との明らかな言葉は、その意を如実に語るものとして、掟の根拠が信心自身の根拠と同一でなければならぬことを告げていると言えよう。

その意味で『聞書』のよく知られている次のことばは、多くの「掟」を通底する基本精神と言えるだろう。

「仏法をあるじとし、世間を客人とせよ」といえり。「仏法のうえより、

世間のことは時にしたがい、相《あい》はたらくべき事なり」（『聞書』一五七）

これこそは、親鸞が『教行信証』に言う、

仏の捨てしめたまうをばすなわち捨て、
仏の行ぜしめたまうをばすなわち行ず。
仏の去《す》てしめたまう処をばすなわち去つ。（「信巻」）

の具現と見ることができる。「仏法をあるじとし」とは、仏の選択眼を規範とする生きかたにほかならない。何が人間を非人間化し、何が人間を真に人間らしくするか、その一点を自己の現実（自己と社会）のうえに、きちっと見すえていく生きかたである。それこそ真に主体的な生きかたが問われていくことである。

信心にもとづく生きかたと言えば、とかく感謝するとか、喜ぶとか、心情的な状態をイメージしがちであるが――もちろんそれを否定するわけではないが――、むしろ真にものごとの真・偽、まことか・いつわりかを見極めていく仏智を賜り続けていくことでなければならない。その意味で信心に生きることは、仏智を生きる責任を負うものとなることだ。ならば、この重く、かつきびしい課題を背負うことの具体性を、「世間を客人とせよ」のことばに聞くべきに思う。

もちろんそこには「主」と「客」との分限、したがって世間への配慮の心が基本にあろうが、ここではより具体的に「あるじ」と「客人」と言っていることに、蓮如自身の深い痛みと背負うた教団的課題の重さとが、ひときわ感ぜられてならない。というのは、蓮如にとって自らの立脚地を親鸞の同朋精神に選びとりながら、それに生きる歩みのうえに、いつしか貴族意識が見え隠れする自身への深い問いかえしでもあった。

蓮如が門徒に「仏法者・後世者」振舞いをきびしく誡めていることからも、仏法に帰依することは決して帰依した自分が丸ごと仏法化することではない。

かえって反仏法・非仏法的な自分との出遇いであるにもかかわらず、無意識裡にそれと錯覚する傲慢さ、その意味で「いつも信心のひととおりをばわれこころえがおのよしにて」(『五帖御文』二の五)他者に向かう教化者意識を、つねに問い続けた蓮如の懺悔のことばでもなかっただろうか。

この信心の悲歎に立つ真実と虚偽との緊張関係を課題としていく姿勢こそ、「阿弥陀如来の御掟」という念仏者の生活であるにちがいない。「王法」に関しては、次章でも言及する。

永遠の実践綱領

ここで蓮如が「ふみ」に引く次の一文に注目したい。

優婆夷《うばい》、この三昧《さんまい》をききてまなばんと欲せんものは、みずから仏に帰命し、法に帰命せよ、比丘《びく》僧に帰命せよ、余道につかうることをえざれ、天

を拝することをえざれ、鬼神をまつることをえざれ、吉良日《きちりようにち》をみること

をえざれといえり。

（『五帖御文』一の九）

これは親鸞の『教行信証』「化身土末巻」の引用文の冒頭に、『涅槃経』の一文と共にその総説的位置にある『般舟経《はんじゆきよう》』の文言である。一読すれば、いかなる時代、いかなる状況をも超えて貫く〝永遠の掟〟と言うべき内容であり、念仏者の〝実践綱領〟と言えるものに思う。それはわたしたちの世俗性とは何なのかの問題と、またそこをどう生きるのかの課題とを端的に示していると言えるからだ。

経文は「優婆夷」（釈迦の教団を構成する四衆の一つ、在家の女性信者清信女を言う）とよびかけて帰依三宝《きえさんぼう》を示し、その具体的なありかたを四項目を挙げて教《きよう》誡《かい》する。いまその一いちの内容について詳しく述べる余裕はないが、最初の「余道」は、広義には後の三項目を包括するものとも言えるが、狭義にはいわゆる古代インドの諸哲学・諸思想などを意味し、さらにはこの文の後に引く

『菩薩戒経』の文が語る国王・父母・六親の道とも言える。次の「天」は同じく古代インドの民族宗教の神々における超能力者としての人間支配神であろう。さらに「鬼神」は前者の系脈をひく死霊信仰の神々であり、「吉良日」は兆《ちょう》・占《せん》・禁《きん》・呪《じゅ》の陰陽道の系譜である。こうした四つの事柄に、いずれも「事《つか》えてはならない」「拝してはならない」等との仏陀の教誡である。

これらの四事に事えることは自らの生の根拠をそれにゆずり渡した生きかたであり、しかもそれが単なる個人性でなく民族性という根深さをもつところに、そのまま今日のわたしたちの世俗的体質が言いあてられている。すなわち、政治・経済等の力学的支配被支配の構造から、果ては民間信仰の類への従属的構造に至るまで、およそ複雑な現代の諸状況に身を置くわたしたちの世俗的埋没化の生のすべてが、この四事に事える生きかたを出ない。したがってそれは、人間存在を内面的に追求し、真実の自覚をあたえる「内への」仏陀の正法に対して、つねに人間存在から眼をそらし、他者依存的な「外への」呪縛的生きかたを指すことは言うまでもない。

では、四事に事えた生きかたの内面的に意味するものは何だろうか。いま端的に言えば、エゴに生きるがゆえの弱さによるいのちの真実（万事因縁の法則＝本願の法則）に背く生きかた以外の何ものでもない。だが、弱きがゆえであるところに逆に問題の根深さを思わずにいられない。およそわたしたちの是非善悪の分別心のありかたは、つねに両極的思考性に立つ。ということは、一方には自己への妥協としての世俗への埋没化であり、他方には逆に自己過信による世俗からの孤高化である。前者は弱きがゆえの居直りであり、後者は弱きがゆえの強がりであろうか。だが、そのいずれをもいのちの真実に対する無明に根ざす弱さへの無知として、共に非とする真実への帰依に成り立つ「弥陀をたのむ信心」は、そのような自己のありかたとの緊張関係を生きる生きかたを開くのであった。

その意味でここに何よりも留意すべきことは、経言にみる「優婆夷」のよびかけでないだろうか。それは、すでに外道を捨てて内道に帰依した仏教徒「優婆夷」に対する教誡だからだ。だが、仏陀の教法に生きることは、弱さへの妥協化でも、逆に孤高化でもないばかりか、むしろ自らの弱さへの悲痛が、悲痛せしめる仏陀の教誡を自己の生涯の課題として負荷してゆく生きかたとならずにはいないのだ。自らの弱さを真に知らされたものは、日々の生活の中で、いかに弱さへの誘惑が自己と社会にみちみちていることかに驚く。しかしひとたび自らのうえに弱さを信知せしめた真実への帰依は、それを乗り越えてゆく信力、活力として、自らを歩ませるのであった。

第五章　蓮如の世法観

結びに代えて

仏法と王法

蓮如上人は「いかようなことを聞いても、わが心を少しも満足させるものではない。一人なりとも、人が信心をいただいたということを聞きたいものだ」と独り言に申された。上人のご一生は、人に信心を得させたいの念願であったと申されたことである。（『聞書』一八七・訳）

蓮如の一生の存念が、人びとが信心を獲得することであったと伝えるこの一条からも、蓮如の「真宗再興」の志願の内実が何であったかを、よく聞きとることができる。それだけに、その具体的実践として発信された多くの「ふみ」の目的も、ひとえに「真宗念仏行者」（『五帖御文』四の一）の誕生をほかにしてなかった。それはまた「ふみ」自身のしかと語るところであった（同一五）。したがって、先に一言したようにわたくしはその視点から多くの「ふみ」が語る教化の内容を、大きく二つに集約して読みとっている。一つは念仏行者の主体の確立（獲信）についてであり、いま一つはその念仏行者がこの世をどのように生きるか（生活）についてであった。もちろんこの二つの課題もそれぞれに様ざまな問題を内包するが、とくに後者の課題については、従来多くいわゆる蓮如論の焦点をなしてきたとも言えるだけに、あらためてここに蓮如の世法観をたずねることをもって、本書の結びにかえたい。

念仏行者はこの世をどのように生きるか。御文は基本的に次のように告げている。

> またこのほかになおこころうべきむねあり。それ、国にあらば守護方《ほう》、ところにあらば地頭方《じとうほう》において、われは仏法をあがめ信心をえたる身なりといいて、疎略の義、ゆめゆめあるべからず。いよいよ公事《くじ》をもっぱらにすべきものなり。かくのごとくこころえたるひとをさして、信心発得《ほっとく》して後生をねがう念仏行者のふるまいの本とぞいうべし。これすなわち仏法・王《おう》

法《ぼう》をむねとまもれるひととなづくべきものなり。

（『五帖御文』二の一〇・傍点筆者）

ここに仏法とともに「王法」ということを提起する。御文における「王法」の語はおそらく存覚《ぞんかく》（『破邪顕正鈔《はじゃけんしょうしょう》』等）に倣うものとみられるが、その用法は前出の「ふみ」をはじめ、

いよいよ公事をまったくすべし。（中略）ことにほかには王法をもっておもてとし、内心には他力の信心をふかくたくわえて、世間の仁義をもって本とすべし。

（同　二の六）

またほかには仁義礼智信をまもりて王法をもってさきとし、

（同　三の一二）

ことに、まず王法をもって本とし、仁義をさきとして、世間通途の義に順

じて、

（同　三の一二）

等と反復するかたちのものである。しかしその用いる回数としては五帖御文でわずかに六回を数えるのみであり、しかもそれらの場合「王法」が、「仏法」とは異なるものの具体的にいかなる意味であるのかは必ずしもさだかではない。それだけにいま、その点で注目される史家の二つの説を挙げておきたい。

一説は、

その時代の権力とか宗教、あるいはその時代の風俗とか習慣、そういうものを皆含めて「王法」と言われているように思います。特に権力構造としましては、守護や地頭ということになると思いますし、宗教としてはいわゆる顕密仏教と言われる、この旧仏教を中心にした教え、それと密着をした日本の神祇の内容というようなものが中心になっていると思います。

（柏原祐泉『蓮如上人の歩んだ道』東本願寺出版）

とするものであり、いま一説は、

蓮如上人が「王法をもって本とせよ」と言われる場合の王法とは、いわゆる国家の法、あるいは一般的な倫理道徳としての王法ではなく、門徒の人たちが所属している村の掟など、大法と呼ばれたものを蓮如上人が念頭において言われたのではないか。それしか法と言われるものが存在しないわけですから、そういう民衆の間から生まれてきた民衆の公という観念に立脚して、王法という言葉が言い出されてきたのではないか。あるいは門徒の人たちはそういうことをベースにして、蓮如上人の王法という言葉を受け取ったのではないか。

（大桑齊『蓮如上人の王法』東本願寺出版）

と提起するものである。もちろんこの二説にはおのずと重なる部分も否めないが、いずれにしても「王法」が質的に「仏法」とは異なる「世法」（『五帖御文』四の三）を指しているかぎり、蓮如の世間に対する姿勢およびかかわりかたは、御文の教化の展開を見極めるうえで、極めて重要な課題である。

王法は額にあてよ

およそ蓮如の世法に対する根本姿勢を端的に伝えるものは、よく知られている次の一条であろう。

「仏法をあるじとし、世間を客人とせよ」といえり。「仏法のうえより、世間のことは時にしたがい、相はたらくべき事なり」と云々。
（『聞書』一五七）

前出の「ふみ」に、「王法をもっておもてとし」、「さきとし」、「本とし」と述べることが、往々、信心為本に対立する王法為本の意味に見られがちであるが、蓮如のすわりがいまの「仏法をあるじ」とする信心中心主義にあったこと

は、

後生をば弥陀（仏法）をたのみ、今生をば諸神（世法）をたのむべきように、おもう者あり、あさましき也。

と言いきる蓮如のことばを記す『空善記《くうぜんき》』の一文からもうかがい知ることができよう。

蓮如のそうした根本姿勢は、ことばどおり「世間」の「客人」化にあった。ならば、その「客人」化の意味こそ問われねばならないが、その点すでに一言したことから、いま何よりも「客人」の語に照応して次の一条に注目したい。

「王法は額《ひたい》にあてよ。仏法は内心に深く蓄えよ」との仰せに候う。

（『聞書』一四一）

「額にあてよ」は額手、手を額にあてること、すなわち敬意またはよろこびを表する意である。王法に対する尊重の姿勢である。蓮如の信心中心主義の世法観は、ここに「客人」と表わすその尊重性にあったというべきだろう。

およそ蓮如と世法とのかかわりをたずねるとき、蓮如のうえに世法との闘いというようなはげしさを求めることは、資料的にもできない。よく指摘される帖外の、

「このうえは、仏法のために一命を惜しむべきではない。戦うべきである」と、先日、多屋《たや》の者たちが寄り合いをして、決議した。

文明五年十月　　多屋衆　（訳）

と見える一通も、それが文面どおり「多屋衆」（「多屋」は門徒らの宿坊、「衆」はそこに住む僧侶や参集の門徒たち）による衆議事項であったことを考慮すれば、やはり「王法は額にあてよ」のことばのもつ蓮如における重さ、それだけにそ

の局面での蓮如の真意はどうであったかが問われることにもなる。
だが、そうしたことを考える場合、貴重な示唆をうるものとして次の一条に注意したい。それは『空善記』（二四九）が伝える蓮如の「御遺言」の中の一条である。

一流の中に於いて仏法を面《おもて》とすべき事、勿論也。然りと雖も、世間に順じて王法をまもる事は、仏法を立てんがためなり。而《しか》るに仏法をば次にして王法を本意と心得る事当時是れ多し。尤《もつと》も然るべからざる次第なり。

ここには「世間に順じて王法をまもる事は、仏法を立てんがためなり」と、言い切る。「仏法を立てん」とは仏法の護持であり、仏法の護持はもとより仏法の世に弘まること、共有化を意味することである。ならば、それは蓮如の生涯を貫く渾身の志願であった。

われはわかき時よりいかなる芸能なんども、たしなまばさこそあらんずれども、わかき時よりいま八旬におよぶまでののぞみは、ただ一切の衆生、弥陀をたのみ、他力の信をとりて、報土往生あれかしとばかりの念願にて、七十七歳をおくりたり、その外はさらに別ののぞみなし、と仰ありけり。

と記す『空善記』（二七）の一条も、それをよく語り伝える一例だろう。ならば、この蓮如のひたすらな自信教人信の姿勢と志願こそは、その世法観を理解する視座を告げるものと言えないだろうか。

蓮如がその生涯、親鸞の浄土真宗を広く人びとに伝え弘《ひろ》めることに、いかに全精力を傾けたかは、すでに提出した一、二の記録からも、また、

蓮如上人は「仏法がひろまるためと思えば、いかようの苦労も苦労とは思わぬ」と申された。何事もお心を込め誠実に向きあわれたということであ

る。

（『聞書』一二七・訳）

との記述からも、ここにあらためて贅言を要しない。だが、そうした辛労の内実として、

同じく蓮如上人は「わたしは相手の人をよく見て、その人に応じて仏法を伝えている」と申された。いかようにも相手の好むことなどを取り入れ、よろこび聞くところで、また仏法のことを伝えられた。いろいろと手だてを尽して人びとに仏法を伝えられたことである。

（『聞書』一一三・訳）

と見えることからも、いかに多面にわたって細部にまで心を砕いたことかが窺える。そうした事実は、当面の課題に深くつながって殊に留意すべきに思う。

たとい正義《しょうぎ》たりとも、しげからんことをば、停止《ちょうじ》すべき由候う。（下略）

（『聞書』一三四）

これのあらわすところは、いかに親鸞の教えの流れにおける「御正義《ごしょうぎ》」であっても、「繁《しげ》からんこと」、つまり固執することは厳に慎むべきことだと言う。なぜか。固執は自我意識による色づけであり、正義の名における自己主張にほかならないからだ。こうした信心の核心にふれる教誡《きょうかい》をはじめ、

蓮如上人の仰せに「仏法について語りあっているのに、いつのまにか世間話に変えてしまう人ばかりである。しかしそれに引きずられず、再び仏法の話しあいに引きもどすようにせよ」と、申された。

（『聞書』五六・訳）

という日常の会話における勧めに至るまで、実に多様性に富むが、いかにそれらは仏法を正しく伝えたい、またその縁をいささかなりとも醸成したいという不断の願心の発露であったことか、充分うかがい知れるところだ。

世間に対する尊重感

蓮如のそうした熱い実践からは、「王法は額にあてよ」とのことばに象徴される世法観も、単に社会体制への追随とか擁護とかの視点から片づけられることでなくなるのではないか。むしろそれを突き抜けて「内心に深く蓄え」た仏法の真実を、「一人たりとも」伝えたい、共有したいがためのものであったと言うべきでなかろうか。それは仏法第一主義のゆえの王法の尊重であったところに、蓮如の「自信教人信《じしんきょうにんしん》」の熱情を読みとるべきに思う。

だとすれば、蓮如の発信した多くの「掟」はその実、尊重の具体的ありよう、または内容を語るものとして注意されねばならないが、何よりも、

「開山聖人の、一大事の御客人と申すは、御門徒衆のことなり」と、仰せられしと云々

（『聞書』二九六）

とある「御客人」の意味するところをあらためて聞かねばならない。その点で、

蓮如上人は「ご門徒の方がたを悪く言うようなことは、決してあってはならない。親鸞聖人は、共に歩む人たちを御同行《おんどうぎょう》・御同朋《おんどうぼう》と呼ばれて大切になされたのに、その人びとを疎略《そりゃく》に思うことは間違ったことである」と、申された。

（『聞書』二九五・訳）

また、とくによく知られたものとして、

御門徒の人たちが上洛してくると、蓮如上人は寒い冬の日にはお酒などをよく温めさせて、「道中の寒さも忘れられるように」と申された。また炎天の暑い時には、「酒なども冷やせ」と申しつけられ、心のこもったことばで接せられた。また「御門徒がはるばる上って参ったのに、わたしに早

く取り次ぎがないのは、よろしくない」とも言われ、「御門徒の方を待たせておき、おそく対面することは、間違ったことである」とも申されたということである。

（『聞書』二九七・訳）

と。こうした蓮如の言行には、門徒に対する深い尊重感が溢れていないか。とは言っても、その尊重感はもとより世間的ないわゆる顧客への奉仕精神などではない。もしそれならば本願寺ないし蓮如の顧客であり、「開山聖人の一大事の御客人」の私有化である。だが、蓮如のこのことばは、そうしたありかたと無関係なきれいごとを言っているものでもないだろう。むしろそうした私有化してやまぬ自己自身のありかたへの批判と懺悔が、門徒の真の公性の宣言となったのではないか。その意味で、門徒が「開山聖人の一大事の御客人」であることは、一人たりとも如来・聖人の御意にかなうよう、すなわち「自信教人信」の責任感に離れない尊重感であったことを告げていないか。

蓮如における世法の尊重を具体的に語る多くの「掟」が、ほとんど制誡的であることはその背景的状況を反映していると言えよう。

その二、三を挙げても、「守護・地頭を疎略にすべからず」（『五帖御文』三の一〇）の掟は、「われは仏法をあがめ信心をえたる身なりといいて、疎略」（『五帖御文』二の一〇）の振舞いがあったからだろう。

また「他宗にも世間に対しては、わが一宗のすがたを、あらわにひとの目にみえぬようにふるまえ」（『五帖御文』二の一三）の教誡は、「ちかごろは、当流念仏者のなかにおいて、わざとひと目にみえて一流のすがたをあらわして、これをもってわが宗の名望《めいぼう》のようにおもいて、ことに他宗をこなしおとしめ」（同前）る状況があったからだろう。

さらには、「他人の中ともいわず、また大道路次なんどにても、関屋《せきや》船中をもはばからず、仏法方の讃嘆をすること、勿体なき次第なり。かたく停止すべきなり」（『五帖御文』四の七）と誡られたのも、「いかなる人の中ともいわず（中略）、はばからず、仏法がたのことを人に顕露《けんろ》にかたる」（『五帖御文』四の六）事実があったからにちがいない。

こうした掟の背景となる状況は、蓮如にとってすべて仏法を弘める妨げをなすものであった。したがって蓮如が仏法の流通を滞らしめる様ざまな教団状況への教誡に、いかに心をくだいたことであったか、それが多くの掟の語るところと言えるだろう。それゆえに種々の掟は必然的に世法の尊重というかたちをとることも、それが単に尊重のための尊重でなく、ひたすら仏法を弘めるための尊重であったことに、とくに留意すべきに思う。その意味で「掟」の発信はかえって内心の仏法の確不確を問いかえすものであったと同時に、それゆえに仏法に生きる者の責任感を提起するものであったと言えるのでなかろうか。

蓮如のそうした執念とも見られる「自身教人信」の衷情は、また、

万物を生成する根本の気にも陽気と陰気とがある。そこで陽気を受ける日向の花は早く開き、陰気を受ける日陰の花は遅れて咲く。それと同じように、宿善《しゅくぜん》が開けるのにも遅い速いがある。すでに救いにあずかったもの、いま救いにあずかるもの、これから救いにあずかるであろうものという、

已・今・当の異なりが生ずるのである。弥陀如来の光明に照らされて、宿善の花が速く開く人もあれば、遅く開く人もある。いずれにせよ、信心の人も未信の人も、共に仏法を真剣に聴聞すべきであると、蓮如上人は申された。また已・今・当のことを、「きのう宿善が開けた人もあり、きょう開く人もあり、あす開く人もある」とも申された。（『聞書』二〇九・訳）

と伝えるごとき、深い「待ち」の実践でもあったと言えよう。その点、「縁」を深く信じた蓮如の宿善論の根底として見落されてならないことに思う。

近世・近代における蓮如の世法観理解の屈折

蓮如のそのような世法観の内実をたずねることによって、ここにあらためて蓮如没後の、とくに近世・近代における蓮如の世法観に対する理解のありかたが問いかえされねばならなくなる。それは近世の場合、とりわけ真宗の教義学

が興起して以降どのように受けとられてきたかであるが、もちろんその背景には、

とくに近世仏教の存在全体を規制し、特色づけたものに、幕府による仏教統制がある。

具体的にいうと、幕藩権力のもと全国画一的に実施された寺院本末制度・寺檀制度・寺請け制度・宗門改め制度のことである。この四つの制度が近世仏教に与えた影響ははかりしれない。（中略）僧侶は経文や弥陀や釈尊への忠節をまず志向するよりも、俗権への従属を優先し、また民衆へもそのように説くことが大勢となった。これは、決定的ともいえる近世仏教の教説上の特色といえるであろう。

（藤井学「近世仏教の特色」『日本思想大系』57）

と指摘される状況のあったことは多くを言うまでもない。つまり、そうした幕

府の宗教政策によって幕藩体制の政治機構に組み込まれ、ために封建政治の秩序維持、また人倫道徳の規範とされた儒教的倫理の遵守などを真宗教徒の行儀として固定化させてきたのであった。

いまその集約的解釈例を挙げると、次のようである。まず、

> 一には仏法の掟。二には王法の掟。（香山院《こうざんいん》龍温《りゅうおん》『真宗大系』34）

とし、「仏法の掟」とは諸宗諸法（教え）を誹謗せず、諸神諸仏をかろしめないこと……等を指し、「王法の掟」について、

> まず公事を専らにすべしと云う。この中にはつねに天恩国恩を戴き奉り、国にあらば守護方、処にあらば地頭方にむきて年貢所当をつぶさに沙汰すべし等の掟はみなこの中に摂する。次に人道を守るべき掟、是れがまさしく大経五悪段の所説、是れ人間の大道……是れ即ち王法なることを知るべ

し。是れが人道を守る王法の掟なり。（同前）

と解して、王法をもっぱら「掟門《おきてもん》」として講述する。そしてさらに、

凡そ此の掟は一宗の規則、（中略）然れば必ず守らねばならぬ。是れをいかほど励まし努むれども自力に堕する恐はなきなり。（中略）已《すで》に御文に、当流門徒中においてすでに安心決定《あんじんけつじょう》せしめたらん人の身のうえにも、また未決定の人の安心をとらんとおもわん人も、との給う。（中略）苟《いやしく》も真宗にその名をかくる輩、規則として必ず守らずんばあるべからず。此に於て強《あなが》ちに信心の有無を論ずべきに非ず。（同前）

とまで強調する。「信心の有無を論ずべきに非ず」として王法の履行を主張することは、仏法・王法の双修を基本とすることを告げるものであり、すでに仏法の相対化が色濃くあらわれている。したがってそれは、仏法も大切であると

同時に、王法もまた大切であるとする、まさに「も」つきの了解として、仏法と王法の統一点の喪失が問われねばならなくなるだろう。

さて、近世のそうした幕府の封建支配体制への追随化を引きずって近代に入るや、それが天皇制絶対主義の国家体制への従属と連続することとなり、いわゆる「真俗二諦《しんぞくにたい》」（仏法の真理と世法の真理と併立させる）の教学を成すに至った。その点、もっとも雄弁に語るものは、とくに現如《げんにょ》（一八五二－一九二三・本願寺第二十二代）以降の本願寺歴代の『消息』であるが、それに先立つ一八七二（明治五）年の政府による教部省の新設にともなう厳如《ごんにょ》（一八一七－一八九四・本願寺第二十一代）の奉戴の消息は、近代における先がけのものと言えるだけに紹介すれば、

抑《そもそも》、朝廷にをいて教部省を御創立あらせられしより、予にをいても命を奉し……不日に大教正の重任を蒙り……いかばかりの朝恩そや、是また祖徳のしからしむる処なり……いかにもして此《この》洪恩を報せずんばあるべから

ずと、深く感戴し奉るものなり、然れは真宗の流れをくむ人々は、天恩の深重なるほとを更に奉戴し、我人一同に志をひとしくして、朝廷の御趣意を遵し（下略）。明治五年十月十四日
（『真宗史料集成』六）

というものである。しかしこうした俗諦を説く二諦の教化と言っても、続いて、

この大旨真宗において今更の儀にあらず、先徳すでにしめされし予言あきらかなり……他力の信心を深くたくわえて、外相に其色をあらわさず、王法を本とする宗則なれば、官省府県の命令にしたがい、今世一生を送るをもて、真宗の行者とはいうなり。
（同前）

と述べるように、それは御文の王法説を仏法・王法の双修と理解することからきているとことであった。それだけに、前出の厳如の消息にも見られたような、

政府権力による神勅天皇への忠誠を肯定し、かつ積極的に支持・讃美することを真宗念仏者の範としたことは、より仏法の相対化、否、世法の絶対化を顕著にしたものと言わざるをえないだろう。

現世にありては聖代の良民となり、来世においては浄土の聖衆たらしめ、（同前）

という彰如《しようによ》（一八七五―一九四三・本願寺第二十三世）の消息（明治三十七年二月二十五日付）のごとき真宗領受を説き続けたのであった。それだけに世法の絶対化は、仏法・王法の双修が、仏法は仏法、世法は世法、という「は」の了解として仏法・世法の乖離、二分化であったことを銘すべきだろう。

その意味で、さきに近世から近代への連続と言ったけれども、近代にみる「真俗二諦の宗風」には、前代よりもより一つの屈折のあったことが見落せない。

蓮如の「王法は額にあてよ」という真意が、仏法の相対化、否、ついに世法の絶対化にまで変質屈折されてきた教団の教学・教化の負の歴史を直視するとともに、ひたすら「自信教人信」の実践に生きた蓮如の世法観であったことを、とくに見開くべき秋《とき》でないだろうか。

あとがき

シリーズ『親鸞』の企画段階からわたくしの分担課題は、「親鸞から蓮如へ――『御文』の世界」であった。

宗祖親鸞の滅後、その思想・信仰がどのように継承され、展開してきたかは、親鸞理解における重要な課題領域であることは言うまでもない。それは今日のわたしたちにとって、親鸞の思想・信仰をいかに受けとめ、いかに生きるかの課題と直結して注目されねばならない関心事だからである。

蓮如の『御文』は、あの戦国乱世における親鸞思想の再生を願ったものであったが、その学びについては蓮如の虚像・実像の問題をはじめとして、不透明さを引きずってきたことは否めなかった。だが、去る一九九八（平成一〇）年、蓮如五百回御遠忌法要を機に、とくに歴史的観点からの掘り起こしが積極的に加えられ、様ざまな問題に光があてられて、蓮如の実像も浮き彫り化されるに至ったと言えよう。

そうした恵まれた蓮如観の環境の中で、いまは『御文』の解説でなく、多くの「ふみ」をもって戦乱の世に生き惑う人びとに、親鸞の思想・信仰をどのように伝えたのか、何を訴えたのか、言おうとしたことは何であったのか。その一点を聞きとることに集中することとした。それがこのシリーズの趣旨に添うことと考えたからであり、その意味でこの小著は蓮如の渾身のよびかけ、発遣の聞記にほかならないことをご諒解いただきたい。

宗祖親鸞の七百五十回御遠忌法要の記念出版に組み入れられる勝縁を深く感《かん》佩《ぱい》すると共に、このような小著でしかないことを慚愧し、大方諸賢のご叱正を願うばかりである。

付記・『御文』の教義的内容に関しては、拙著『御文勧化録』（一九九八年・東本願寺出版刊）をご参照いただければ幸いである。

文庫化にあたって

本書は、㈱筑摩書房より刊行された『シリーズ親鸞』のうち、第八巻『親鸞から蓮如へ　真宗創造―『御文』の発遣』を文庫化したものです。

『シリーズ親鸞』は、二〇一一年、真宗大谷派（東本願寺）が厳修《ごんしゅう》した「宗祖親鸞聖人七五十回御遠忌」を記念して、宗派が筑摩書房の協力を得て出版したものです。シリーズの刊行にあたり、監修を務めた小川一乘氏は、

いま、現代社会に向かって広く「浄土真宗」を開示しようとするのは、宗祖親鸞聖人によって顕《あきら》かにされた「浄土真宗」こそが、今日の社会が直面している人間中心主義の闇を照らし出し、物質文明の繁栄の底に深刻化している人類生存の危機を克服する時機相応の教えであるとの信念に立っているからです。本書を通して一人でも多くの方が、親鸞聖人の教えである「浄土真宗」に出遇っていただき、称名念仏する者となってくださる機縁となりますことを念願しています。

このシリーズは、執筆者各々が役割分担して「浄土真宗」を明らかにしたいと企画されました。そのために、担当する文献や課題を各巻ごとに振り分けて、それぞれを主題として執筆されています。それによって、引用される文献や史資料が各巻にわたって重複することを少なくし、「浄土真宗」の全体が系統的に提示されるようにいたしました。（中略）『シリーズ親鸞』は学術書ではありません。学問的な裏付けを大切にしつつも、読みやすい文章表現になるよう努めました。

と述べています。今回の文庫化にあたっては、その願いを引き継ぎ、さらに多くの方々に手にとってお読みいただけるよう、各執筆者の方々に若干の加筆・修正をお願いいたしました。本書を機縁として、一人でも多くの方が「浄土真宗」に出遇っていただけることを願っています。

最後になりましたが、文庫化にあたってご協力をいただいた㈱筑摩書房様、また、発行をご快諾いただきました著者の池田勇諦氏には厚く御礼申しあげます。

二〇一八年一月

東本願寺出版

池田　勇諦（いけだ　ゆうたい）

1934（昭和９）年生まれ。東海同朋大学（現・同朋大学）卒。現在、同朋大学名誉教授。専門は真宗学。著書『御文勧化録』『蓮如上人に学ぶ』『真実證の廻向成就』『真宗の実践』（以上、東本願寺出版）、『信心の再興―蓮如『御文』の本義』『真と偽と仮―「教行信証」の道―』（以上、樹心社）など。

親鸞《しんらん》から蓮如《れんにょ》へ　真宗創造《しんしゅうそうぞう》―『御文《おふみ》』の発遣《はっけん》―

2018（平成30）年２月28日　第１刷発行

著　　者　池田勇諦
発 行 者　但馬　弘
編集発行　東本願寺出版（真宗大谷派宗務所出版部）
〒600-8505　京都市下京区烏丸通七条上る
TEL　075-371-9189（販売）
075-371-5099（編集）
FAX　075-371-9211
印刷・製本　中村印刷株式会社
装　　幀　株式会社アンクル

ISBN978-4-8341-0572-8　C0015